Das Buch

Die Persönlichkeitsstruktur eines jeden Menschen setzt sich aus unterschiedlich geprägten Eigenschaften zusammen. Diese Persönlichkeitsmerkmale – z. B. Selbstsicherheit, Unabhängigkeit, Menschenkenntnis und Einfühlungsvermögen – sind nicht angeboren, sondern im Laufe des Lebens durch Erziehung und Umwelteinflüsse erworben. All jene, die unzufrieden mit sich selbst sind, haben also keinen Anlaß zu resignieren, denn sie verfügen über die Möglichkeit, sich positiv zu verändern. Dieses Buch zeigt Ihnen, wie Sie Ihre Persönlichkeitsstruktur kennenlernen und Ursachen für verschiedene Verhaltensmuster nachvollziehen können. Sie lernen, mehr aus sich zu machen, Ihre eigene Persönlichkeit zu entfalten und das Leben besser zu bewältigen.

Der Autor

Peter Lauster studierte Psychologie, Anthropologie und Kunst. Seit 1971 ist er in Köln freiberuflich mit eigener Praxis als Berater und Psychotherapeut tätig.
Bekannt wurde er 1980 mit dem Bestseller »Die Liebe«, der fünfzehn Jahre auf der Taschenbuchbestsellerliste stand. Seine Bücher erreichten eine deutschsprachige Auflage von 4,5 Millionen und wurden in zwanzig Sprachen übersetzt.

Internetadresse: www.peterlauster.de

Peter Lauster

Persönlichkeit

Ein Beratungs- und Testprogramm
zu Ihrer persönlichen Entfaltung

Econ Taschenbuch

Econ Taschenbücher erscheinen im Ullstein Taschenbuchverlag,
einem Unternehmen der Econ Ullstein List Verlag GmbH & Co. KG, München

Umschlagkonzept: Büro Meyer & Schmidt, München – Jorge Schmidt
Umschlaggestaltung: Bezaubernde GINI, München
Titelabbildung: Image Bank, München
Druck und Bindearbeiten: Ebner Ulm
Printed in Germany
ISBN 3-548-75039-7

Inhalt

»Man kann die Schwachen nicht stärken, indem man die Starken schwächt. Man kann keinen Charakter aufbauen, indem man einem Menschen die Initiative nimmt. Man kann Menschen nicht dauerhaft helfen, indem man für sie tut, was sie für sich selbst tun können und sollen.«
Abraham Lincoln

»Die einmalige Gelegenheit, die du suchst, ist in dir selbst. Sie ist nicht in deiner Umgebung, sie ist kein Glücks- oder Zufall oder eine Chance oder Hilfe anderer. Sie liegt in dir allein.«
Orison Swett Marden

Vorwort

Dieses Buch ermöglicht Ihnen eine Entdeckungsreise in die Bereiche Ihrer Psyche. Ein umfangreiches Testprogramm bietet Ihnen eine intensive Beschäftigung mit Ihren persönlichen Einstellungen, Meinungen, Vorurteilen und Verhaltensweisen. In der Auswertung der Tests erfahren Sie, wie stark oder schwach Ihre Persönlichkeitsmerkmale ausgeprägt sind.
Wenn Sie alle zehn Tests durchgeführt haben, können Sie die einzelnen Ergebnisse in eine Diagnosekarte übertragen und Ihr individuelles Persönlichkeitsprofil zeichnen. Diese Selbstanalyse verhilft Ihnen, sich selbst besser kennen- und verstehen zu lernen. Damit Sie jedoch von diesem Buch noch mehr profitieren können, als nur Ihre Stärken und Schwächen zu erfahren, folgt jedem Test ein Beratungsteil – als Unterstützung zur Entfaltung Ihrer Persönlichkeitseigenschaften.
Für dieses Buch wurden Test- und Beratungsprogramme ausgewählt, die für eine ausgeglichene Lebensgestaltung im Alltag besonders wichtig sind:
Selbstsicherheit
Optimismus

Risikoeinschätzung
Unabhängigkeit
Selbstlosigkeit
Menschenkenntnis
Belastbarkeit
Toleranz
Ehrgeiz
Einfühlungsvermögen

Diese Persönlichkeitsmerkmale sind nicht angeboren, sondern werden im Laufe des Lebens erworben, durch Erziehung einprogrammiert und erlernt. Menschliches Verhalten wird nicht wie beim Tier vorwiegend durch Instinkte gesteuert, sondern durch Einstellungen, übernommene Meinungen und Rollennormen. Hinzu kommen im Laufe der Jahre Erfahrungen und gewonnene Lebensmaximem; sie bilden die Persönlichkeitseigenschaften und beeinflussen Denken und Verhalten.

Die Vererbung spielt eine viel unwichtigere Rolle bei der Entstehung einer Persönlichkeit, als viele glauben. Keiner sollte z.B. die Ausrede gebrauchen »Ich bin eben nicht tolerant, weil ich das nicht geerbt habe«. Niemand ist zwar für seine Persönlichkeitseigenschaften absolut allein verantwortlich, weil Bezugspersonen (Eltern, Lehrer, Chefs, Freunde) seine Eigenschaften prägen, aber jeder hat die Chance, durch Aneignung einer höheren Bewußtseinsstufe seine Eigenschaften zu verändern. Zu dieser Veränderung soll das Buch auffordern.

Aufgrund meiner Erfahrungen als Psychologe bin ich der Ansicht, daß niemand unsicher, pessimistisch, leichtsinnig, abhängig, egoistisch, intolerant und faul bleiben muß. Jeder kann jeden Tag etwas selbstsicherer, selbstloser, optimistischer, vorsichtiger, unabhängiger, toleranter und strebsamer werden. Eine Persönlichkeit bildet sich täglich. Sie kann sich entfalten oder auf der Stelle treten. Zur Entfaltung der eigenen Möglichkeiten und zu einer glücklicheren Lebensbewältigung soll dieses Buch beitragen.

Das Buch dient auch dem Zweck, einmal einen ›Persönlichkeitstest‹ kennenzulernen. Auf diese Weise wird die Scheu vor Tests abgebaut, die Ihnen in ähnlicher Form auch einmal in einer Bewerbungssituation begegnen können. Die meisten Firmen und Personalberatungen sind allerdings wieder davon abgekommen, Fragebogentests einzusetzen, weil sich herausgestellt hat, daß fast alle diese Fragen durchschaubar sind, also eine für das Ergebnis vorteilhafte Antwort angekreuzt werden kann. Sehen Sie die Tests dieses Buches vor allem als eine spielerische Möglichkeit, sich einmal mit sich selbst zu befassen und sich über die eigenen Reaktionsweisen Gedanken zu machen.
Der dem Testteil nachfolgende Beratungsteil ist eine Anregung zum Nachdenken über die jeweilige Eigenschaft. Es geht darum, im Getriebe des Alltags innezuhalten und über persönliche Eigenschaften und die der Mitmenschen nachzudenken, etwa über Ehrgeiz, Eitelkeit, Neid, Gel-

tungsstreben, Egoismus oder Optimismus und über die Vernetzung dieser Eigenschaften zu einer Eigenschaftsstruktur.

Das vorliegende Buch ist erstmals 1974 unter dem Titel *Der Persönlichkeitstest* im Mosaik-Verlag erschienen. Es war viele Jahre vergriffen und wird in (fast) unveränderter Form wieder neu aufgelegt.

Was können die zehn Tests messen?

Im allgemeinen Sprachgebrauch bezeichnet der Ausdruck »Persönlichkeit« eine Person, die ein auffallend gutes, beeindruckendes Auftreten besitzt und eine überdurchschnittlich starke Ausstrahlung hat. In diesem Sinne wird in der Psychologie und auch in diesem Buch das Wort »Persönlichkeit« nicht gebraucht. Jeder Mensch besitzt eine Persönlichkeit – auch ein Schwachsinniger oder Geisteskranker. Die Persönlichkeit macht das Zusammenspiel der Eigenschaften aus; etwas abstrakt kann man dies mit »individueller Persönlichkeitsstruktur« umschreiben.
Die Persönlichkeitsstruktur setzt sich aus den unterschiedlich ausgeprägten Eigenschaften zusammen. In diesem Buch wird nicht das gesamte Spektrum der Eigenschaftsstruktur getestet. Es wurden allerdings zehn besonders wichtige Eigenschaften ausgewählt. Sie beziehen sich zum einen auf das Verhalten im mitmenschlichen Kontakt, wie z.B. Selbstsicherheit, Unabhängigkeit, Selbstlosigkeit, Menschenkenntnis, Toleranz und soziales Einfühlungsvermögen. Sie beziehen sich außerdem auf Verhaltenstendenzen wie

z.B. Optimismus, Vorsicht und Ehrgeiz (Leistungsmotivation) und auf die seelische Stabilität, wie z.B. Belastbarkeit.
Der Bereich »Begabungen und intellektuelle Fähigkeiten« wurde in diesem Buch nicht berücksichtigt. Es handelt sich hierbei zwar auch um Persönlichkeitsmerkmale, aber sie gehören in den Bereich der geistigen Leistungsfähigkeit und weniger zur Gruppe der Charaktereigenschaften. Bewußt wurde außerdem auf Eigenschaften und Merkmale verzichtet, die bei »psychischen Störungen« auftreten, wie beispielsweise Angstanfälligkeit, Aggressivität, Neigung zur Schizophrenie und Neigung zu manisch-depressiven Reaktionen. Das Buch ist also nicht geeignet, seelische Abnormalitäten aufzudecken. Die Tests wurden für psychisch gesunde Personen entwickelt, die mehr über ihre individuelle Persönlichkeitsstruktur erfahren wollen.
Die Tests bieten die Möglichkeit, sich selbstkritisch zu überprüfen. Jeder Test ist eine Prüfsonde, der Reaktionsweisen und Einstellungen abcheckt. Daraus können Rückschlüsse gezogen werden, welche Eigenschaften in welchem Ausprägungsgrad dominierend sind. Jeder Test ist natürlich störanfällig; das Ergebnis hängt davon ab, ob Sie sich in ausgeruhtem oder psychisch labilem Zustand testen, ob Sie ehrlich zu sich selbst sind oder versuchen, ein möglichst schmeichelhaftes Bild von sich zu erzielen.
Sie sollten Ihr Testergebnis nicht als ein unabänderliches Schicksal ansehen und

keine weitreichenden privaten oder beruflichen Entschlüsse daraus ableiten. Das Testergebnis dient in erster Linie Ihrer Selbsterkenntnis. Es soll Ihnen Denkanstöße geben, damit Sie Ihre Persönlichkeitsstruktur bewußter sehen. Ein wichtiges Anliegen des Buches besteht darin, Ihnen zu zeigen, daß Persönlichkeitseigenschaften durch einen Einstellungswandel veränderbar sind. Niemand sollte also sagen »Ich bin eben so« und bei dieser Selbsterkenntnis stehenbleiben, denn jeder kann seine Persönlichkeitsstruktur weiter entfalten.

Jede Persönlichkeitseigenschaft ist auf komplizierte Weise mit anderen Eigenschaften verbunden. Die einzelnen Persönlichkeitsmerkmale beeinflussen sich gegenseitig und existieren nicht isoliert nebeneinander. So beeinflußt Selbstsicherheit z.B. Eigenschaften wie Vorsicht, Unabhängigkeit, Selbstlosigkeit, Toleranz und Ehrgeiz.

Ein sehr selbstsicherer Mensch ist nicht übertrieben vorsichtig, er fühlt sich unabhängig, ist aufgrund seiner Selbstsicherheit nicht extrem egoistisch und neigt zur Toleranz, weil er dadurch sich selbst nicht unbedingt in Frage gestellt sieht. Auch sein Ehrgeiz ist normal ausgeprägt, da er nicht durch übertriebene Ambitionen ein mangelndes Selbstwertgefühl kompensieren muß.

Selbstsicherheit und Optimismus sind sehr zentrale Persönlichkeitsmerkmale, deshalb wurden sie in der Grafik in der Mitte placiert. Um diese Mitte gruppieren sich Unabhängigkeit, Selbstlosigkeit, Ehrgeiz und Belastbarkeit. Peripherere Eigenschaften

Das Ringmodell der Persönlichkeitsmerkmale

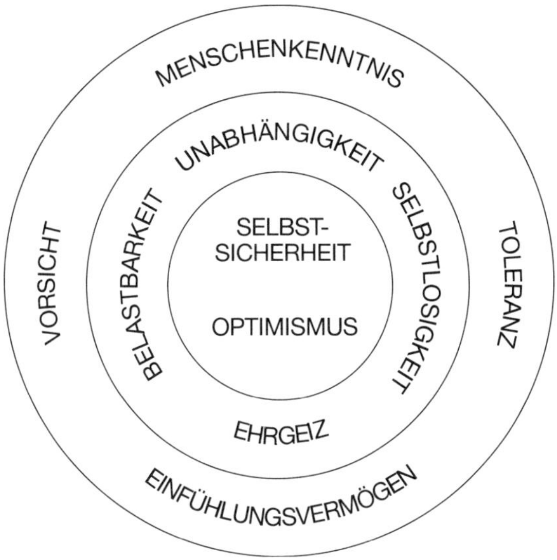

sind Menschenkenntnis, Toleranz, Einfühlungsvermögen und Vorsicht.

Die äußeren vier Merkmale lassen sich am leichtesten trainieren, weil sie in weniger tiefen Schichten der Persönlichkeit verankert sind. Selbstsicherheit und Optimismus dagegen sind schwieriger zu verändern, weil sie rationalen Überlegungen nur bedingt zugänglich sind. Menschenkenntnis kann erlernt werden wie Physik oder Biologie, Optimismus aber ist eine seelische Grundhaltung, die tief mit vergangenen Erfahrungen und Erlebnissen verwurzelt ist. Um Optimismus zu steigern, muß sich die gesamte Persönlichkeit engagieren. Vergangene Erlebnisse müssen bewältigt und ein neues Bewußtsein von sich selbst und dem Leben aufgebaut werden.

So werden die Tests durchgeführt

1. Beginnen Sie einen Test nur, wenn Sie genügend Ruhe finden und sicher sind, daß Sie von niemandem unterbrochen werden, denn jede Störung kann das Testergebnis beeinflussen.
2. Die Tests unterliegen keiner Zeitbeschränkung. Sie sollten jedoch alle Tests zügig durchführen und Ihre Antworten spontan geben.
3. Lesen Sie die jeweilige Testanweisung aufmerksam durch, damit Sie genau verstehen, worum es geht.
4. Sicher werden nicht alle Fragen und Situationen auf Sie zutreffen. In solchen Fällen sollen Sie sich in die Aufgabe hineinversetzen und die Antwort ankreuzen, die Sie noch am ehesten akzeptieren.
5. Sie können die zehn Tests in beliebiger Reihenfolge machen. Beginnen Sie mit den Tests, die Sie am meisten interessieren. Um Ihr Persönlichkeitsprofil auszufüllen, benötigen Sie die Ergebnisse aller zehn Tests. Erst dann gewinnen Sie einen Überblick über die Ausprägung Ihrer Eigenschaften.
6. Bedenken Sie, daß die Testdurchführung nur dann sinnvoll für Sie ist, wenn Sie die

Tests ehrlich durchführen. Wenn Sie mogeln, belügen Sie sich selbst.

7. Machen Sie nicht alle Tests auf einmal. Nach zwei Tests ist die Ermüdung schon so stark, daß Sie sich bei den übrigen Tests nicht mehr vollkommen konzentriert auf die Fragen und Aufgaben einstellen können.
8. Testen Sie sich nicht, wenn Sie Ärger hatten oder durch viel Arbeit erschöpft sind. Ihr Testergebnis leidet darunter. Eine ausgeglichene Stimmung ist die günstigste Voraussetzung.
9. Versuchen Sie nicht darüber nachzudenken, was die Fragen und Antworten bedeuten könnten. Dadurch wird ihre spontane Beantwortung gestört.
10. Antworten Sie nicht absichtlich falsch, um zu einem möglichst positiven Ergebnis zu kommen. Ihr Testergebnis bleibt geheim. Sie müssen Ihr Ergebnis niemandem zeigen, wenn Sie nicht wollen.

Test 1
Sind Sie selbstsicher?

Lesen Sie bitte die folgenden 32 Sätze aufmerksam durch. Sie sollen jedesmal auf einer Skala angeben, wie häufig Sie über das Problem nachdenken.
Kreuzen Sie bei jedem Satz die entsprechende Zahl an, die angibt, wie häufig Sie die jeweiligen Probleme beschäftigen. Antworten Sie spontan, und lassen Sie sich dabei möglichst von Ihren Gefühlen leiten. Bleiben Sie ehrlich sich selbst gegenüber. Ein Beispiel zeigt, wie Sie Ihre Antwort auf der Skala ankreuzen müssen.

Beispiel: Ich bin nicht sehr leistungsfähig.

Beschäftigt mich:	nie	selten	manchmal	häufig	sehr häufig
	0	**1**	**2** (angekreuzt)	**3**	**4**

Wenn Sie **manchmal** darüber nachdenken, daß Sie nicht sehr leistungsfähig sind, hätten Sie also die »2« ankreuzen müssen.

Test:

1. Ich wünsche, meine Mitmenschen würden mir mehr Mut machen.

Beschäftigt mich:	nie	selten	manch-mal	häufig	sehr häufig
	0	**1**	**2**	**3**	**4**

2. Ich fühle mich beruflich überfordert.

Beschäftigt mich:	nie	selten	manch-mal	häufig	sehr häufig
	0	**1**	**2**	**3**	**4**

3. Wenn ich an meine Zukunft denke, habe ich ein ungutes Gefühl.

Beschäftigt mich:	nie	selten	manch-mal	häufig	sehr häufig
	0	**1**	**2**	**3**	**4**

4. Viele Leute finden mich nicht sehr sympathisch.

Beschäftigt mich:	nie	selten	manch-mal	häufig	sehr häufig
	0	**1**	**2**	**3**	**4**

5. Ich habe weniger Tatkraft und Initiative als andere.

Beschäftigt mich:	nie	selten	manch-mal	häufig	sehr häufig
	0	**1**	**2**	**3**	**4**

6. Ich denke darüber nach, ob alle meine Gedanken normal sind.

Beschäftigt mich:	nie	selten	manch-mal	häufig	sehr häufig
	0	**1**	**2**	**3**	**4**

7. Ich habe Angst, mich zu blamieren.

Beschäftigt mich:	nie	selten	manch-mal	häufig	sehr häufig
	0	**1**	**2**	**3**	**4**

8. Andere Leute sehen besser aus als ich.

Beschäftigt mich:	nie	selten	manch-mal	häufig	sehr häufig
	0	**1**	**2**	**3**	**4**

9. Ich habe Angst, vor fremden Menschen eine Rede zu halten.

Beschäftigt mich:	nie	selten	manch-mal	häufig	sehr häufig
	0	**1**	**2**	**3**	**4**

10. Vieles, was ich anpacke, geht schief.

Beschäftigt mich:	nie	selten	manch-mal	häufig	sehr häufig
	0	**1**	**2**	**3**	**4**

11. Ich würde gerne wissen, wie man mit anderen Menschen ein nettes und unterhaltsames Gespräch führt.

Beschäftigt mich:	nie	selten	manch-mal	häufig	sehr häufig
	0	**1**	**2**	**3**	**4**

12. Ich hätte gerne mehr Selbstvertrauen.

Beschäftigt mich:	nie	selten	manch-mal	häufig	sehr häufig
	0	**1**	**2**	**3**	**4**

13. Ich überlege, wie ich mehr Anerkennung bei meinen Mitmenschen finden kann.

Beschäftigt mich:	nie	selten	manch-mal	häufig	sehr häufig
	0	**1**	**2**	**3**	**4**

14. Ich bin zu bescheiden.

Beschäftigt mich:	nie	selten	manch-mal	häufig	sehr häufig
	0	**1**	**2**	**3**	**4**

15. Ich bin eitel.

Beschäftigt mich:	nie	selten	manch-mal	häufig	sehr häufig
	0	**1**	**2**	**3**	**4**

16. Ich werde von den meisten Leuten nicht richtig eingeschätzt.

Beschäftigt mich:	nie	selten	manch-mal	häufig	sehr häufig
	0	1	2	3	4

17. Mir fehlt jemand, mit dem ich über persönliche Dinge reden kann.

Beschäftigt mich:	nie	selten	manch-mal	häufig	sehr häufig
	0	1	2	3	4

18. Man erwartet zuviel von mir.

Beschäftigt mich:	nie	selten	manch-mal	häufig	sehr häufig
	0	1	2	3	4

19. Man interessiert sich zu wenig für das, was ich leiste.

Beschäftigt mich:	nie	selten	manch-mal	häufig	sehr häufig
	0	1	2	3	4

20. Ich werde leicht verlegen.

Beschäftigt mich:	nie	selten	manch-mal	häufig	sehr häufig
	0	1	2	3	4

21. Ich habe das Gefühl, daß die meisten Menschen mich nicht verstehen.

Beschäftigt mich:	nie	selten	manch-mal	häufig	sehr häufig
	0	**1**	**2**	**3**	**4**

22. Ich fühle mich in meiner Umgebung nicht geborgen.

Beschäftigt mich:	nie	selten	manch-mal	häufig	sehr häufig
	0	**1**	**2**	**3**	**4**

23. Ich mache mir oft unbegründet Sorgen.

Beschäftigt mich:	nie	selten	manch-mal	häufig	sehr häufig
	0	**1**	**2**	**3**	**4**

24. Ich habe ein unbehagliches Gefühl, wenn ich einen Raum betrete, in dem sich schon mehrere Personen befinden.

Beschäftigt mich:	nie	selten	manch-mal	häufig	sehr häufig
	0	**1**	**2**	**3**	**4**

25. Ich habe das Gefühl, daß man hinter meinem Rücken über mich spricht.

Beschäftigt mich:	nie	selten	manch-mal	häufig	sehr häufig
	0	**1**	**2**	**3**	**4**

26. Ich fühle mich nicht so recht wohl in meiner Haut.

Beschäftigt mich:	nie	selten	manch-mal	häufig	sehr häufig
	0	**1**	**2**	**3**	**4**

27. Ich glaube, daß anderen Menschen fast alles leichter fällt als mir.

Beschäftigt mich:	nie	selten	manch-mal	häufig	sehr häufig
	0	**1**	**2**	**3**	**4**

28. Ich habe die Befürchtung, daß mir etwas Unangenehmes zustoßen könnte.

Beschäftigt mich:	nie	selten	manch-mal	häufig	sehr häufig
	0	**1**	**2**	**3**	**4**

29. Ich denke darüber nach, wie sich meine Mitmenschen mir gegenüber verhalten.

Beschäftigt mich:	nie	selten	manch-mal	häufig	sehr häufig
	0	**1**	**2**	**3**	**4**

30. Ich wäre gerne kontaktfreudiger.

Beschäftigt mich:	nie	selten	manch-mal	häufig	sehr häufig
	0	**1**	**2**	**3**	**4**

31. In Diskussionen sage ich nur etwas, wenn ich von der Richtigkeit meines Beitrags überzeugt bin.

Beschäftigt mich:	nie	selten	manch-mal	häufig	sehr häufig
	0	**1**	**2**	**3**	**4**

32. Ich denke darüber nach, ob ich die Erwartungen der Gesellschaft erfüllen kann.

Beschäftigt mich:	nie	selten	manch-mal	häufig	sehr häufig
	0	**1**	**2**	**3**	**4**

Testauswertung

Um Ihre Punktsumme zu errechnen, zählen Sie bitte die in den einzelnen Aufgaben angekreuzten Zahlen zusammen.
In der Bewertungstabelle können Sie unter Ihrer Punktzahl – je nach Altersgruppe – nachsehen, wie ausgeprägt Ihre Selbstsicherheit ist.

14-16 Jahre Punkte	17-21 Jahre Punkte	22-30 Jahre Punkte	über 30 Jahre Punkte	Ausprägung der Selbstsicherheit
0 - 8	0 - 20	0 - 12	0 - 15	sehr stark
9 - 17	21 - 36	13 - 25	16 - 29	stark
18 - 33	37 - 44	26 - 40	30 - 46	durchschnittlich Tendenz nach stark
34 - 54	45 - 69	41 - 59	47 - 66	durchschnittlich Tendenz nach schwächer
55 - 128	70 - 128	60 - 128	67 - 128	schwächer

Das bedeutet die Bewertung

Sehr stark

Selbstsicherheit ist für Sie kein Problem. Es beschäftigt Sie sehr selten, ob Sie auf Ihre Mitmenschen einen günstigen Eindruck machen oder nicht. Sie besitzen keine Selbstzweifel und Minderwertigkeitsgefühle.

Stark

Im Vergleich zu Ihrer Altersgruppe besitzen Sie eine gute Selbstsicherheit. Sie beschäftigen sich selten damit, wie Sie auf andere wirken. Sie leiden kaum unter Selbstzweifeln und Minderwertigkeitsgefühlen.

Durchschnittlich (Tendenz nach stark)

Sie besitzen eine normale Selbstsicherheit, die im Durchschnittsbereichs liegt. Innerhalb dieses Normalbereichs tendiert Ihre Selbstsicherheit zu einer stärkeren Ausprägung.

Durchschnittlich (Tendenz nach schwächer)

Sie besitzen eine normale Selbstsicherheit, die im Durchschnittsbereich liegt. Innerhalb dieses Normalbereichs tendiert Ihre Selbstsicherheit eher zu einer schwächeren Ausprägung. Sie neigen zu Selbstzweifeln und machen sich Gedanken, wie Sie auf andere Menschen wirken, und beschäftigen sich mit Ihren Minderwertigkeitsgefühlen.

Schwächer

Selbstsicherheit ist für Sie ein wichtiges Problem. Sie beschäftigen sich häufig damit, wie Sie auf Ihre Mitmenschen wirken. Sie würden gerne selbstsicherer, unkomplizierter und innerlich freier an die Probleme des Lebens herangehen.

Beratungsteil
Verbessern Sie Ihre Selbstsicherheit

Jeder Mensch hat mehr oder weniger stark ausgeprägte Minderwertigkeitsgefühle. Die Ursachen dafür liegen natürlich stets auf einem anderen Gebiet. Besonders stark ausgeprägt sind Minderwertigkeitsgefühle bei körperlichen Mißbildungen.
Die amerikanische Sprinterin Wilma Rudolph hatte z. B. Kinderlähmung und hinkte als Mädchen. Trotzdem schaffte sie es, ihre Minderwertigkeitsgefühle zu überwinden. Sie trainierte ihre Schwäche so lange, bis sie sogar zu einer Stärke wurden: 1960 erreichte sie in Rom einen dreifachen Sprint-Olympiasieg. Dieses Beispiel soll nicht beweisen, daß jeder Kindergelähmte Olympiasieger werden kann, denn das hängt natürlich vom Grad der körperlichen Schädigung und von der Trainingsbereitschaft ab.
Der bekannte Psychotherapeut Alfred Adler hat sein Leben der Erforschung von Minderwertigkeitsgefühlen gewidmet. Er entdeckte, daß das wichtigste menschliche Bedürfnis der Drang nach Selbstsicherheit und Überlegenheit ist.
Im Kontakt zu den Mitmenschen zeigen sich Minderwertigkeitsgefühle als Schüch-

ternheit, leichte Verlegenheit, übertriebene Bescheidenheit, starke Eitelkeit, gesteigertes Geltungsbedürfnis und starkes Verlangen nach Lob und Anerkennung.
Ein übermäßig stark ausgeprägtes Selbstbewußtsein ist nicht unbedingt positiv. Es kann z. B. zu Leichtsinn verführen. Extrem selbstsichere Menschen handeln oft mit einer naiven Sorglosigkeit und Unbekümmertheit. Besonders stark ausgeprägtes Selbstbewußtsein fördert ein konfliktreiches Zusammenleben mit anderen Menschen. Wer übertrieben sicher auftritt, erscheint oft rücksichtslos und hat deshalb meist mehr Feinde als Freunde.
Nach Ansicht von Psychotherapeuten gibt es zwei Möglichkeiten, auf Minderwertigkeitsgefühle zu reagieren: Resignation oder Kompensation. Im Fall der Resignation wird die vermeintliche Minderwertigkeit als unüberwindbar angesehen. Deshalb wird dadurch keine Verbesserung des Selbstbewußtseins erreicht.
Alfred Adler erkannte, daß Minderwertigkeitsgefühle häufig kompensiert werden. Dieser Ausgleich kann auf verschiedene Weise geschehen.
Eine erste Möglichkeit liegt in der direkten Kompensation, wie bei der kindergelähmten Wilma Rudolph. Der Unsichere versucht, seine Unsicherheit gerade in dem Bereich zu überwinden, in dem sie besteht.
Ein treffendes Beispiel ist dafür auch der Grieche Demosthenes. Er entwickelte sich durch gezieltes Training zu einem exzellen-

ten Redner, obwohl er als Kind stotterte. Eine zweite Methode, um Minderwertigkeitsgefühle auszugleichen, ist die Kompensation auf anderem Gebiet. Als Ersatz für die Schwäche wird eine andere Fähigkeit besonders gut entwickelt. Wer beispielsweise körperlich nicht kräftig ist und im Sport wenig leistet, kann sich durch besonderen Fleiß auf geistig-theoretischem Gebiet hervortun. Wer im Beruf nicht weiterkommt, betreibt ein Hobby, für das er sich besonders stark engagiert. Durch diese Ersatzbefriedigung wird das Selbstbewußtsein verbessert. Eine dritte Möglichkeit ist Kompensation durch »Als-ob-Selbstsicherheit«.

Wenn es einer Person nicht gelingt, ihr Selbstbewußtsein durch direktes Training der Schwäche oder durch Entwicklung von Ersatzfähigkeiten zu steigern, greift sie zu Täuschungsmanövern. Sie täuscht dabei nicht nur die anderen, sondern häufig auch sich selbst. Verhaltensformen dieser Kompensation sind: Trotz, Rechthaberei, Prahlerei, Imponiergehabe und Eigensinn. Die empfundene Minderwertigkeit wird nicht verarbeitet, sondern verdrängt.

Die Selbstsicherheit, mit der rechthaberische, prahlerische und eigensinnige Menschen auftreten, ist also nicht echt und kann leicht erschüttert werden.

Deshalb ist wichtig, daß Sie Ihr Selbstbewußtsein nicht vortäuschen, sondern von innen heraus entwickeln. Wichtig ist außerdem, daß Sie eine Schwäche nicht nur durch eine Stärke ausgleichen, sondern sie auch akzeptieren. Nur dann ist die Grundlage für eine neues, gesundes Selbstbewußtsein gegeben.

Zehn Tips zur Verbesserung Ihrer Selbstsicherheit

1

Finden Sie zunächst heraus, wodurch Ihre Minderwertigkeitsgefühle verursacht werden. Wenn Sie die Ursachen kennen, besitzen Sie die wichtigste Voraussetzung, um Ihre Selbstsicherheit gezielt zu verbessern.

2

Trainieren Sie Ihre Schwächen. Die Hauptsache ist, daß Sie den Mut dazu aufbringen. Auch geringe Verbesserungen werden Sie dann als Erfolg empfinden.

3

Versuchen Sie, Ihre Fähigkeiten und Begabungen weiter auszubauen. Sie schaffen so einen Ausgleich (Kompensation) für Ihre Schwäche, die Ihnen dann nicht mehr so wesentlich erscheint.

4

Freuen Sie sich über Ihre guten Leistungen auf einem Gebiet, und seien Sie ruhig stolz darauf. Die persönliche Beurteilung Ihrer Leistungen ist für Ihr Selbstwertgefühl wichtiger, als das Urteil anderer Menschen.

5
Machen Sie sich von den Meinungen Ihrer Mitmenschen frei. Handeln Sie nie gegen Ihre persönliche Überzeugung; nur dann fühlen Sie sich innerlich frei und selbstsicher.

6
Wenn Sie z. B. im Beruf unzufrieden sind und im Moment keine Möglichkeiten sehen, sich zu verbessern, entfalten Sie Ihre Fähigkeiten in einem Hobby. Dadurch gleichen Sie Enttäuschungen aus und verhindern eine Steigerung Ihrer Unsicherheit.

7
Wenn etwas Schwieriges von Ihnen verlangt wird, versuchen Sie diese Aufgabe mit Optimismus zu lösen. Wenn Sie kneifen, werden Sie in Zukunft weniger Vertrauen in Ihre eigene Leistungsfähigkeit haben und dann auch bei leichteren Problemen versagen.

8
Seien Sie nicht zu ehrgeizig, denn übermäßiger Ehrgeiz ist schädlich. Je ehrgeiziger Sie sind, desto schwerer können Sie Ihre hohen Ansprüche erfüllen.

9
Vergleichen Sie sich nicht zu häufig mit anderen Personen. Es gibt bei vielen Tätigkeiten Menschen, die besser sind als Sie. Wenn Sie sich stets vergleichen, geraten Sie leicht in Gefahr, von sich selbst ent-

täuscht zu sein. Das beeinträchtigt Ihr Selbstwertgefühl.

10

Machen Sie den Satz »Was andere gut können, muß ich genauso können« nicht zu Ihrem Leitmotiv, denn es kann keinen Menschen geben, der auf allen Gebieten alles gleich gut wie andere kann.

Test 2
Sind Sie optimistisch?

Beurteilen Sie jede der folgenden 18 Zeichnungen. In den nebenstehenden Kästchen sind jeweils sechs Begriffe angeordnet, die die auf dem Bild gezeigte Situation widerspiegeln könnten. Bitte kreuzen Sie immer eines der beiden Felder hinter jedem Begriff an. Dabei sollen Sie sich gefühlsmäßig und ganz spontan entscheiden. Passen die einzelnen Begriffe nach Ihrer Ansicht zu der Situation, machen Sie das Kreuz in der »Ja«-Spalte, wenn nicht, bei »nein«.

1.

	ja	nein
Freude	a	b
Sorge	b	a
Unsicherheit	b	a
Heiterkeit	a	b
Zuversicht	a	b
Skepsis	b	a

2.

	ja	nein
Kummer	b	a
Streit	b	a
Gelöstheit	a	b
Skepsis	b	a
Freude	a	b
Gespanntheit	b	a

3.

	ja	nein
Schönheit	a	b
Beklemmung	b	a
Gefahr	b	a
Freudige Erwart.	a	b
Zuversicht	a	b
Angst	b	a

4.

	ja	nein
Freude	a	b
Ratlosigkeit	b	a
Zuversicht	a	b
Vergnügen	a	b
Bedenken	b	a
Unglück	b	a

5.

	ja	nein
Aggression	b	a
Gefahr	b	a
Heiterkeit	a	b
Friedfertigkeit	a	b
Freude	a	b
Gespanntheit	b	a

6.

	ja	nein
Zuversicht	a	b
Freude	a	b
Streit	b	a
Beklemmung	b	a
Fröhlichkeit	a	b
Unangenehmes	b	a

7.

	ja	nein
Skepsis	b	a
Hoffnung	a	b
Resignation	b	a
Bedenken	b	a
Glück	a	b
Freude	a	b

8.

	ja	nein
Gefahr	b	a
Schrecken	b	a
Freude	a	b
Frische	a	b
Schönheit	a	b
Unglück	b	a

9.

	ja	nein
Bestürzung	b	a
Heiterkeit	a	b
Resignation	b	a
Enttäuschung	b	a
Freude	a	b
Zuversicht	a	b

10.

	ja	nein
Entspanntheit	a	b
Enttäuschung	b	a
Bedauern	b	a
Streit	b	a
Unerfreuliches	b	a
Heiterkeit	a	b

11.

	ja	nein
Unangenehmes	b	a
Unschuld	a	b
Zuversicht	a	b
Enttäuschung	b	a
Deprimiertheit	b	a
Erleichterung	a	b

12.

	ja	nein
Enttäuschung	b	a
Freude	a	b
Heiterkeit	a	b
Skepsis	b	a
Traurigkeit	b	a
Glück	a	b

13.

	ja	nein
Betroffenheit	b	a
Heiterkeit	a	b
Humor	a	b
Enttäuschung	b	a
Bedauern	b	a
Lustigkeit	a	b

14.

	ja	nein
Gefahr	b	a
Heiterkeit	a	b
Aggression	b	a
Unglück	b	a
Friedfertigkeit	a	b
Gespanntheit	b	a

15.

	ja	nein
Ratlosigkeit	b	a
Kummer	b	a
Lust	a	b
Aggression	b	a
Heiterkeit	a	b
Vergnügen	a	b

16.

	ja	nein
Streit	b	a
Humor	a	b
Skepsis	b	a
Heiterkeit	a	b
Zuversicht	a	b
Gespanntheit	b	a

17.

	ja	nein
Humor	a	b
Bedenken	b	a
Verlust	b	a
Zuversicht	a	b
Unangenehmes	b	a
Skepsis	b	a

18.

	ja	nein
Freude	a	b
Skepsis	b	a
Vergnügen	a	b
Gefahr	b	a
Angst	b	a
Erwartung	a	b

Testauswertung

Zählen Sie bitte bei allen 18 Bildern sämtliche Kreuze zusammen, die Sie in einem »A«-Feld gemacht haben. Die Summe ergibt Ihre Punktzahl bei Test 2.
In der Bewertungstabelle können Sie nun unter Ihrer Punktzahl – je nach Altersgruppe – nachsehen, wie stark Ihr Optimismus ausgeprägt ist.

14-16 Jahre Punkte	17-21 Jahre Punkte	22-30 Jahre Punkte	über 30 Jahre Punkte	Ausprägung des Optimismus
85 - 108	88 - 108	90 - 108	71 - 108	sehr stark
59 - 84	64 - 87	70 - 89	67 - 70	stark
51 - 58	52 - 63	60 - 69	54 - 66	durchschnittlich Tendenz nach stark
41 - 50	43 - 51	46 - 59	35 - 53	durchschnittlich Tendenz nach schwächer
0 - 40	0 - 42	0 - 45	0 - 52	schwächer

Das bedeutet die Bewertung

Sehr stark	Sie besitzen eine sehr optimistische Einstellung und sind gegenüber den Problemen Ihres Lebens sehr zuversichtlich. Sie begegnen Ihren Mitmenschen überaus aufgeschlossen und neigen nicht zu Mißtrauen und Skepsis. Ihre positive Einstellung zum Leben ist beneidenswert.
Stark	Sie besitzen eine optimistische und zuversichtliche Einstellung gegenüber den Problemen des Alltags. Aufgrund Ihrer positiven Einstellung zum Leben werden Sie mit Mißerfolgen gut fertig.
Durchschnittlich (Tendenz nach stark)	Sie besitzen einen normalen Optimismus, der im Durchschnittsbereich liegt. Innerhalb dieses Normalbereichs tendiert Ihre optimistische Einstellung zu einer stärkeren Ausprägung.
Durchschnittlich (Tendenz nach schwächer)	Sie besitzen einen normalen Optimismus, der im Durchschnittsbereich liegt. Innerhalb dieses Normalbereichs tendiert Ihre optimistische Einstellung etwas zum Pessimismus. Sie begegnen dem Leben kritisch und neigen zu skeptischer Distanz. Versuchen Sie, optimistischer zu werden.

Schwächer

Sie neigen eher zum Pessimismus als zu einer optimistischen Einstellung dem Leben gegenüber. Eine optimistischere Einstellung wäre besser für Sie, dadurch lassen sich viele Probleme leichter und schwungvoller lösen.

Beratungsteil
Werden Sie optimistischer

Optimismus und Pessimismus sind Einstellungen, die die Lebensführung beeinflussen. Wie stark sich eine bestimmte Einstellung auswirken kann, haben in Amerika Ärzte an mehreren tausend Patienten mit Placebos (Scheinmedikamenten) erforscht. Placebos besitzen keinerlei medizinische Wirkung auf den Organismus, denn sie bestehen nur aus Wasser, Farbe, Zucker und Mehl. Trotzdem zeigen sie eine große subjektive Wirkung, wenn die Patienten an das Scheinmedikament glauben, also eine optimistische Einstellung zu seiner Wirkung haben.
Besonders stark ist die Wirkung von Placebos, wenn die Ärzte selbst glauben, sie verschreiben »echte« Medikamente. Auch das wurde in einem Experiment in den USA festgestellt. Ärzte gaben mit fester Überzeugung an die Heilkraft des Medikaments ihren Patienten wirkungslose Präparate. Ergebnis: Fast 90 % der Patienten fühlten sich hinterher wesentlich besser oder sogar geheilt. Optimismus wirkt suggestiv.
Aber auch eine pessimistische Einstellung beeinflußt den Organismus. Dies hat ein

eindrucksvoller Unglücksfall gezeigt: Auf einem Güterbahnhof wurde ein Bahnarbeiter versehentlich in einem Kühlwagen eingeschlossen. Der Arbeiter wußte, daß er sich in einem Kühlwagen befand, und glaubte, daß er erfrieren würde, wenn ihn nicht schnell jemand aus seiner Lage befreien würde. Erst nach über zwanzig Stunden wurde der Wagen wieder geöffnet. Der Arbeiter war tot, und die Ärzte stellten Symptome des Erfrierens fest. Man stellte jedoch auch fest, daß das Kühlsystem versehentlich gar nicht eingeschaltet war. Der Arbeiter starb, weil er fest geglaubt hatte, er könne in der Kälte des Wagens nicht überleben. Ein pessimistischer Glaube kann also in Extremfällen sogar zum Tod führen.

Viele Menschen, die einen Psychotherapeuten aufsuchen, leiden vor allem unter ihrer pessimistischen Einstellung. Sie halten sich für Pechvögel und ziehen gerade aus diesem Grund Krankheit und Pech auf sich.

Was sind die Ursachen für eine optimistische oder pessimistische Einstellung zum Leben? Die Psychologen sind der Ansicht, daß Pessimismus bzw. Optimismus nicht angeboren ist, sondern in der Kindheit erlernt wird. Kinder pessimistischer Eltern sind meist auch pessimistisch. Sie übernehmen diese Grundhaltung von ihren Eltern und sind später nur schwer in der Lage, eine neue, hoffnungsvollere Einstellung zum Leben zu gewinnen.

Optimismus und Pessimismus sind typisch

menschliche Grundhaltungen. Der Mensch ist sich bewußt, daß er eine unbekannte Zukunft vor sich hat. Mit dem Verstand kann er über die Zukunft keine Gewißheit erhalten, deshalb baut er Erwartungen auf, die entweder hoffnungsfroh oder voll Zweifel sind.

Die Kraft dieser elementaren Zukunftserwartungen wurde zu Anfang in extremen Beispielen geschildert. Aber auch im Alltag wirkt sich der Optimismus aus. Seine Macht ist erstaunlich groß. Der Optimist geht davon aus, daß er Erfolg hat. Deshalb ist er in 85 % seiner Handlungen auch tatsächlich erfolgreich.

Wie kann das erklärt werden? Der Optimist setzt seine Fähigkeiten und Kräfte unbewußt optimal ein. Er handelt mit positiver, aufgeschlossener Einstellung, während der Pessimist zögert, voll Zweifel ist und dadurch seine Fähigkeiten nicht unbefangen und mutig einsetzt und so den Mißerfolg heraufbeschwört.

Zehn Tips zur Überwindung des Pessimismus

1

Je mehr Sie mit einem Mißerfolg Ihrer Handlungen rechnen, desto sicherer wird er aufgrund Ihrer negativen Erwartungen eintreten. Sie sollten sich deshalb stets die Kraft der positiven Erwartung bewußtmachen. Hoffnung und Optimismus ziehen den Erfolg an.

2

Versuchen Sie, auch bei unangenehmen Ereignissen irgend etwas Positives zu finden. Dadurch vergrößern Sie auch eine geringe Erfolgschance, weil Sie optimistischer, dynamischer handeln können.

3

Versuchen Sie, tatsächliche Mißerfolge mit Humor zu nehmen. Wer Humor hat, wird ein negatives Erlebnis und den damit auftauchenden Pessimismus leichter überwinden können.

4

Grübeln Sie über Ihre Probleme nicht zu intensiv nach. Stellen Sie sich nicht in der Phantasie den negativen Ausgang vor, sondern setzen Sie Ihre ganzen Kräfte ein, erfolgreich zu handeln.

5
Versuchen Sie, in allen Situationen herauszufinden, welches Verhalten für Sie mit der positivsten Wirkung verbunden ist, dann werden sich bald kleine Erfolge einstellen. Das wird Ihre Zuversicht stärken.

6
Lassen Sie sich nicht zum »Zweckpessimismus« verleiten. Er entspringt dem Wunsch, sich vor möglichen Enttäuschungen rechtzeitig zu wappnen. Dies ist eine Schwäche, gegen die Sie unbedingt ankämpfen sollten.

7
Stellen Sie bei einer gescheiterten Problemlösung nicht die Anzahl Ihrer Fehler heraus, sondern die Zahl Ihrer richtigen Lösungen. Fehler entmutigen und bewirken eine Abnahme der Zuversicht für kommende Probleme. Wenn Sie von 10 Aufgaben 5 richtig und 5 falsch gelöst haben, dann haben Sie 5 richtige Lösungen und nicht 5 Fehler.

8
Versuchen Sie, in Ihrer Freizeit mit optimistischen Menschen zusammenzukommen, und beobachten Sie ihr Verhalten. Durch Beobachtung können Sie eine optimistische Einstellung lernen. Außerdem springt der Optimismus unbewußt auf Sie über.

9
Machen Sie sich immer wieder klar, daß Pessimismus nicht angeboren ist. Wie viele andere menschliche Grundhaltungen läßt sich auch der Pessimismus abbauen und in eine neue Denkhaltung, den Optimismus, überführen.

10
Wenn Sie mit einer optimistischen Einstellung Erfolg hatten, machen Sie sich klar, daß dieser Erfolg auch auf ihren Optimismus zurückzuführen ist.

Test 3
Sind Sie vorsichtig?

Lesen Sie die folgenden 24 Fragen bitte aufmerksam durch. Kreuzen Sie zu jeder Frage Ihre Antwort an. Nur wenn Sie sich gar nicht entscheiden können, sollten Sie das Feld »weiß nicht« ankreuzen.

Beispiel:
Halten Sie das Anschnallen in Flugzeugen bei Start und Landung für überflüssig?

~~ja~~ (angekreuzt)	nein	weiß nicht

Test:

1. Sie haben sich vorgenommen, an einem Wochenende im Winter einen Ausflug mit dem Auto zu machen. Ein plötzlicher Wetterumschwung bringt verschneite Straßen. Würden Sie trotzdem fahren?

ja	nein	weiß nicht

2. Trauen Sie sich zu, ohne Vorkenntnisse, aber nach genauer Anweisung alleine ein Segelflugzeug zu steuern?

ja	nein	weiß nicht

3. Würden Sie die oberste Plattform des Eiffelturms betreten, wenn sich dort kein Geländer befände?

ja	nein	weiß nicht

4. Durch eine Glückssträhne im Spielkasino haben Sie schon relativ viel gewonnen. Würden Sie versuchen, Ihren Gewinn noch zu vergrößern?

ja	nein	weiß nicht

5. Stimmt es, daß Sie noch nie Bedenken hatten, im Badezimmer Elektrogeräte zu benutzen?

ja	nein	weiß nicht

6. Trauen Sie sich zu, mit 1,5 Promille Alkohol im Blut noch gut Fahrrad fahren zu können?

ja	nein	weiß nicht

7. Würden Sie an Ihrem Auto immer nur die nötigsten Reparaturen ausführen lassen?

ja	nein	weiß nicht

8. Würden Sie als Autofahrer an Stellen überholen, die nicht hundertprozentig zu übersehen sind?

ja	nein	weiß nicht

9. Würden Sie ohne Bedenken an einem Flug mit einem Freiballon über die Alpen teilnehmen?

ja	nein	weiß nicht

10. Würden Sie einen Löwen, der betäubt wurde, anfassen?

ja	nein	weiß nicht

11. Finden Sie es ungefährlich, im Bett zu rauchen?

ja	nein	weiß nicht

12. Haben Sie mehr Freude an einem Kartenspiel, wenn Sie dabei um Geld spielen?

ja	nein	weiß nicht

13. Haben Sie schon einmal etwas Gefährliches unternommen, weil Sie der damit verbundene Nervenkitzel reizte?

ja	nein	weiß nicht

14. Würden Sie als Autofahrer eine Abkürzung über Straßen benutzen, von denen Sie nicht genau wissen, wie gut sie ausgebaut sind, wenn Sie dabei 30 Minuten eher Ihr Ziel erreichen?

ja	nein	weiß nicht

15. Würden Sie als Nichtschwimmer vom 3-Meter-Brett springen, wenn Ihnen jemand 100 DM dafür anbietet?

ja	nein	weiß nicht

16. Könnte es in Ihrem Haushalt vorkommen, daß Ihre Waschmaschine läuft, wenn niemand in der Wohnung ist?

ja	nein	weiß nicht

17. Halten Sie einen Feuerlöscher in der Wohnung für überflüssig?

ja	nein	weiß nicht

18. Meinen Sie, daß es unnötig ist, daß jedes Auto alle zwei Jahre dem Technischen Überwachungsverein (TÜV) vorgeführt werden muß?

ja	nein	weiß nicht

19. Würden Sie in Begleitung eines Kindes eine Straße bei roter Ampel überqueren?

ja	nein	weiß nicht

20. Sind Sie gegen Sicherheitsgurte im Auto?

ja	nein	weiß nicht

21. Ist es richtig, daß Sie Gebrauchsanweisungen meistens nicht durchlesen?

ja	nein	weiß nicht

22. Verhalten Sie sich im Straßenverkehr anders, wenn Sie in Eile sind?

ja	nein	weiß nicht

23. Sie wollen für einen Bekannten ein Hemd kaufen, wissen aber die Größe nicht genau. Kaufen Sie trotzdem das Hemd?

ja	nein	weiß nicht

24. Kurz vor Erreichen eines Berggipfels beobachten Sie, daß ein Unwetter im Anzug ist. Versuchen Sie, den Gipfel noch schnell zu erreichen, bevor Sie umkehren?

ja	nein	weiß nicht

Testauswertung

Um Ihre Punktsumme zu errechnen, zählen Sie die Anzahl Ihrer »Ja«-Antworten, »Nein«-Antworten und »Weiß-nicht«-Antworten zusammen. Jedes »nein« zählt 2 Punkte, jedes »weiß nicht« 1 Punkt. »Ja«-Antworten erhalten keinen Punkt. Die so errechnete Summe ergibt Ihre Punktzahl.
In der Bewertungstabelle können Sie unter Ihrer Punktzahl – je nach Altersgruppe – nachsehen, wie ausgeprägt Ihre Vorsicht ist.

14-16 Jahre Punkte	17-21 Jahre Punkte	22-30 Jahre Punkte	über 30 Jahre Punkte	Ausprägung der Vorsicht
42 - 48	40 - 48	40 - 48	42 - 48	sehr stark
40 - 41	34 - 39	33 - 39	38 - 41	stark
34 - 39	31 - 33	29 - 32	33 - 37	durchschnittlich Tendenz nach stark
25 - 33	23 - 30	22 - 28	28 - 32	durchschnittlich Tendenz nach schwächer
0 - 24	0 - 22	0 - 21	0 - 27	schwächer

Das bedeutet die Bewertung

Sehr stark Sie besitzen eine sehr vorsichtige Einstellung und sind nicht bereit, irgendein Risiko einzugehen. Sie sind stets auf Sicherheit bedacht. Diese Haltung kommt auch im Kontakt mit anderen Menschen zum Ausdruck: Sie neigen deshalb zu Zurückhaltung und Skepsis.

Stark Sie sind vorsichtiger als viele Personen Ihrer Altersgruppe. Sie meiden möglichst jedes Risiko und gehen auf Nummer Sicher. Ihre stark ausgeprägte Vorsicht bewirkt auch im Kontaktverhalten mit anderen Menschen Ihre Zurückhaltung.

Durchschnittlich (Tendenz nach stark) Sie besitzen eine normal ausgeprägte Vorsicht, die im Durchschnittsbereich liegt. Innerhalb dieses Normalbereichs tendiert Ihre Vorsicht eher zu einer stärkeren Ausprägung. Sie neigen also selten zum Leichtsinn.

Durchschnittlich (Tendenz nach schwächer) Sie besitzen eine normal ausgeprägte Vorsicht, die im Durchschnittsbereich liegt. Innerhalb dieses Normalbereichs tendiert Ihre Vorsicht eher zu einer schwächeren Ausprägung. Sie neigen also etwas zur

Risikofreude und sind dabei auch manchmal etwas leichtsinnig.

Schwächer

Sie neigen eher zum Leichtsinn als zur Vorsicht. Ihre Risikofreude und Unbekümmertheit kann natürlich auch vorteilhaft sein: Sie besitzen eine aufgeschlossene Kontaktbereitschaft und gehen mit Optimismus an die Probleme des Lebens heran. Dennoch sollten Sie versuchen, in Zukunft etwas weniger leichtsinnig zu sein, ohne sich gleich als »Feigling« fühlen zu müssen.

Beratungsteil

Die richtige Einstellung zum Risiko

Besonders Verkehrspsychologen haben das Problem der »Einstellung zum Risiko« untersucht. Die Kölner Wissenschaftler Schneider und Spoerer verglichen das Fahrverhalten und die Einstellung unfallfreier und unfallbelasteter Autofahrer miteinander. Dabei wurden einige interessante Unterschiede festgestellt. So neigt der unfallreiche Fahrer zu riskantem Verhalten. Seine Risikofreude äußert sich in typischen Verhaltensweisen und Einstellungen zum Straßenverkehr:

- Wagemut und rasantes Fahren
- Keine Anpassung an die Verkehrsverhältnisse
- Unbekümmertes Drauflosfahren, starke Durchsetzungstendenz
- Geringes Verständnis für andere, Rücksichtslosigkeit
- Ablehnung vieler Verkehrsregeln
- Leicht aus der Ruhe zu bringen, aggressiv
- Teilweise erhebliche Überschätzung der eigenen Fähigkeiten
- Welche Rückschlüsse lassen sich auf den Charakter des unvorsichtigen Menschen ziehen? Er kann sich selbst und die Umwelt mit ihren Gefahren schwer richtig ein-

schätzen, und er baut auf seinen Erfolg, auch wenn dieser ungewiß ist. Der Unvorsichtige ist unbekümmert und sorglos, lebt für den Augenblick und plant seine Zukunft nur sehr vage oder gar nicht. Wenn Regeln und Gesetze seine Lebensfreude vermindern, mißachtet er sie. Er ist leichtsinnig und findet sinnvolle Vorsichts- und Vorbeugemaßnahmen überflüssig. Anpassungsfähigkeit, Geduld und hohe seelische Belastbarkeit sind nicht seine Stärken.

Der amerikanische Psychiater Dr. S. L. Brown kam zu dem Ergebnis, daß besonders drei Faktoren den leichtsinnigen, unvorsichtigen Menschen kennzeichnen:

Geringes Beachten von Vorschriften

Geringe Belastbarkeit in Streß-Situationen

Schwache Frustrations-Toleranz (rasches Aufbrausen und aggressives Verhalten) nach Enttäuschungen oder Mißerfolgen

Unvorsichtige Menschen besitzen ein starkes Geltungsbedürfnis. Das veranlaßt sie, Gefahren zu mißachten, um den Mitmenschen zu zeigen, was sie können und wie mutig sie sind. Das übersteigerte Geltungsbedürfnis führt auch dazu, daß die eigenen Fähigkeiten nicht objektiv richtig eingeschätzt werden. Der Unvorsichtige neigt zur Überschätzung seiner Fähigkeiten.

Nicht jede Freude am Risiko ist mit waghalsigem Leichtsinn verbunden. Dies demonstrierte der dreifache Weltmeister Jakkie Stewart: Obwohl er oft erklärte, daß ihn die Aufregung, der Nervenkitzel und das Risiko faszinieren, war er einer der Rennfahrer, die sich besonders engagiert für

Sicherheitsmaßnahmen einsetzten. Seine Fahrweise zeigte, daß er das Risiko immer auf einem Minimum hielt und Rennen äußerst vorsichtig fuhr.
Vor einer zu risikofreudigen Haltung wurde gewarnt, aber auch der übervorsichtige Mensch ist kein Ideal. Er steht dem Leben pessimistisch gegenüber, sieht überall Gefahren, die er überbewertet, und unternimmt selten etwas, das er nicht bis ins kleinste Detail geplant hat. Die Folge ist eine Einbuße an Lebensfreude. Ängstlichkeit und das Bestreben, bestehende Normen und Regeln strikt einzuhalten, verschaffen dem übervorsichtigen Menschen auch im Kontaktbereich Nachteile. Er ist seinen Mitmenschen gegenüber eher mißtrauisch, skeptisch und zurückhaltend eingestellt.
Vorsicht ist keine starre unveränderliche Haltung. Stimmungen, vor allem gehobene und ausgelassene, können die Vorsicht stark herabsetzen. Auch wer in Eile ist, persönliche Schwierigkeiten hat oder Aggressionen lange aufstaut, gibt seine ansonsten vorsichtige Haltung leicht auf.

Zehn Tips zum richtigen Risikoverhalten

1

Fragen Sie sich, wenn Sie sich riskant verhalten, warum Sie unvorsichtig sind.

2

Bedenken Sie bitte: »Vorsicht ist keine Feigheit und Leichtsinn kein Mut.«

3

Wenn Sie es eilig haben und deshalb zum Beispiel risikoreicher Auto fahren, machen Sie sich klar, wieviel Zeit Sie durch einen Unfall verlieren würden.

4

Denken Sie daran, daß Sie nicht nur für sich selbst verantwortlich sind, sondern auch für Ihre Mitmenschen.

5

Unvorsichtiges Verhalten kann viel größere Folgen haben als Vorsicht. Das sollten Sie in einer riskanten Situation bedenken.

6

Versuchen Sie, Ihr Verhalten der jeweiligen Situation anzupassen.

7

Tiere besitzen einen natürlichen Schutzinstinkt, der sie davor bewahrt, leichtsinnig zu sein. Der Mensch besitzt diesen Instinkt weniger ausgeprägt. Sie müssen also das richtige Verhalten in einer riskanten Situation rational abwägen.

8

Ein Bedürfnis nach Risiko ist unnatürlich. Der Drang nach Sicherheit ist größer.

9

Steigern Sie Ihre Selbstkritik. Dadurch passen Sie Ihr Verhalten Ihren Möglichkeiten und Fähigkeiten an.

10

Versuchen Sie Ihre psychische Ausgeglichenheit zu erhalten. Je ausgeglichener Sie sind, desto ausgewogener ist Ihr Risikoverhalten.

Test 4
Sind Sie unabhängig?

Lesen Sie die folgenden zwanzig Situationsschilderungen und fragen bitte aufmerksam durch. Kreuzen Sie zu jeder Szene die Antwort an, die Sie von den drei Möglichkeiten (a, b, c) wählen würden. Wenn Sie sich für keine der Möglichkeiten entscheiden können, kreuzen Sie bitte die an, die Sie noch am ehesten akzeptieren.

1. Sie sind mit mehreren Bekannten im Urlaub. Für den Abend schlagen sie den Besuch eines Lokals vor. Sie selbst würden jedoch lieber einen Spaziergang am Meer machen. Wie entscheiden Sie sich?
   a) Ich schließe mich meinen Bekannten an.
   b) Ich mache den Spaziergang am Meer allein.
   c) Ich versuche, meine Bekannten zu überreden, mit mir spazierenzugehen.

2. Sie haben sich für 16.00 Uhr in einem Café verabredet. Während Sie pünktlich sind, läßt Ihr Bekannter auf sich warten. Inzwischen ist es 16.30 Uhr geworden. Wie verhalten Sie sich?
   a) Ich warte nicht länger und verlasse das Café.

b) Ich verlasse das Café und gebe dem Kellner eine Nachricht für meinen Bekannten.
c) Ich warte weiter auf meinen Bekannten.

3. Sie haben in einer Lotterie DM 20 000,- gewonnen und wollen sich jetzt einen zweisitzigen Sportwagen kaufen. Ihre Eltern und Freunde versuchen, Sie davon abzubringen; sie argumentieren, daß ein zweisitziger Sportwagen unpraktisch sei. Wie entscheiden Sie sich?
a) Ich lasse mich nicht von meinem Vorhaben abbringen und kaufe den Sportwagen.
b) Ich werde mir noch einmal überlegen, wie ich mich entscheide.
c) Ich lasse mich durch die Argumente überzeugen und kaufe den Sportwagen nicht.

4. Sie leben in ständigem Streit mit Ihrer Schwiegermutter. Sie werden von ihr nicht akzeptiert. Wie verhalten Sie sich am Geburtstag Ihrer Schwiegermutter?
a) Ich ignoriere ihren Geburtstag.
b) Ich gratuliere ihr nur telefonisch.
c) Meinem Ehepartner zuliebe besuche ich sie und gratuliere ihr persönlich.

5. Ein heftiger Ehestreit endet damit, daß der Ehemann beschließt, für ein paar Tage in ein Hotel zu ziehen. Wie beurteilen Sie diese Entscheidung?
a) Ich akzeptiere den Entschluß des Ehemannes nicht.
b) Ich toleriere seine Entscheidung.

c) Ich habe Verständnis für seine Reaktion, glaube aber, daß eine bessere Lösung des Konflikts möglich gewesen wäre.

6. Sie wurden zu einem offiziellen Empfang eingeladen. Wie stark richten Sie Ihr Verhalten nach den Regeln der Etikette?
   a) stark
   b) etwas
   c) kaum

7. Sie haben auf eine schriftliche Stellenbewerbung eine Absage erhalten. Wie reagieren Sie darauf?
   a) Ich bin sehr enttäuscht.
   b) Es macht mir nicht viel aus, und ich denke, daß es noch mehr Angebote gibt.
   c) Ich ärgere mich über die Absage.

8. Sie haben sich um eine neue Stelle beworben. Der Personalchef fragt Sie bei Ihrer persönlichen Vorstellung, in welchem Ausmaß Sie Lob und Anerkennung durch Ihre Kollegen brauchen. Wie antworten Sie?
   a) In mittlerem Maß.
   b) In starkem Maß.
   c) In geringem Maß.

9. Sie finden bei einem Waldspaziergang ein Portemonnaie mit 100 Mark. Was tun Sie?
   a) Ich bringe das Portemonnaie zum Fundbüro, weil man Fundsachen abliefern muß.
   b) Ich behalte die 100 Mark.
   c) Ich behalte die 100 Mark, habe aber ein schlechtes Gewissen dabei.

10. Sie liegen abends im Bett und können vor lauter Sorgen nicht einschlafen. Wie häufig kommt das vor?
a) manchmal
b) nie
c) oft

11. In einer Diskussion mit Freunden wird die Behauptung aufgestellt, daß mit der Zugehörigkeit zu einer bestimmten Gesellschaftsschicht auch bestimmte Verpflichtungen verbunden sind. Wie stehen Sie zu dieser Behauptung?
a) Ich lehne diese Behauptung ab.
b) Ich stimme dieser Ansicht zu.
c) Ich stimme dieser Ansicht teilweise zu.

12. Sie sitzen im Wartezimmer eines Arztes. Ein anderer Patient beginnt ein Gespräch mit Ihnen und entwickelt Ansichten, die Ihrer Meinung nach völlig unsinnig sind. Können Sie in solchen Situationen offen aussprechen, was Sie denken?
a) selten
b) meistens
c) manchmal

13. In einem Buch über Psychologie lesen Sie den Satz: »Man sollte immer versuchen, sich zu beherrschen.« Was meinen Sie dazu?
a) Man sollte sich wirklich immer beherrschen.
b) Es ist meistens richtig, sich zu beherrschen.
c) Man sollte auch aufbrausen und die Beherrschung verlieren können.

14. Sie wollen sich einen neuen Pullover kaufen. Nehmen Sie Ihren Partner zum Kauf mit?
a) Ja, aber ich richte mich nicht unbedingt nach seiner Meinung.
b) Ja, ich kaufe nur etwas, was meinem Partner auch gefällt.
c) Nein, ich kaufe das, was mir gefällt.

15. Stellen Sie sich vor, Sie hätten ein Buch geschrieben, das gut verkauft wird. In einem Leserbrief stellt man Ihnen die Frage, ob es Ihnen vor allem auf den Verkaufserfolg ankommt oder ob Ihnen auch Anerkennung und gute Kritiken für Ihr Buch wichtig sind. Wie ist Ihre Meinung hierzu?
a) Es käme mir in erster Linie auf den guten Verkauf und den damit verbundenen Verdienst an.
b) Es wäre mir hauptsächlich der Verdienst wichtig. Anerkennung und gute Kritiken wären mir jedoch nicht gleichgültig.
c) Anerkennung und gute Kritiken wären mir ebenso wichtig wie ein guter Verdienst.

16. In einem Gespräch mit Arbeitskollegen behauptet einer: »Ein zufriedenes Leben ist nur möglich, wenn man viel Geld hat.« Was sagen Sie dazu?
a) Ich glaube, daß man auch mit wenig Geld ein glückliches Leben führen kann.
b) Ich stimme der Behauptung zu.
c) Ich glaube, daß eine gewisse finanzielle Freiheit nötig ist, um ein glückliches Leben führen zu können.

17. Sie sitzen in der Badewanne. Das Telefon läutet. Außer Ihnen ist niemand da. Wie verhalten Sie sich?
a) Ich steige aus der Badewanne, werfe mir ein Handtuch über und laufe dann an das Telefon.
b) Ich kümmere mich nicht um das Telefon und denke: Wer mich sprechen will, wird auch später noch einmal anrufen.
c) Ich zögere und warte erst ab, ob es nochmals läutet.

18. Sie sitzen in einem Lokal und hören, wie am Nebentisch jemand abfällig über Ihre Kleidung spricht. Wie verhalten Sie sich?
a) Ich versuche, noch aufmerksamer, aber unauffällig dem Gespräch am Nebentisch zuzuhören, bleibe aber ruhig.
b) Ich kümmere mich nicht um das Gespräch am Nebentisch.
c) Ich drehe mich um und sehe den Gast, der so negativ über mich spricht, vorwurfsvoll an.

19. Welche Situation ist für Sie besonders unangenehm: eine Zurechtweisung durch Ihren Vorgesetzten, ein Streit mit Ihrem Partner oder eine ärztliche Behandlung?
a) die Zurechtweisung
b) der Streit
c) die ärztliche Behandlung

20. Sie haben sich den ganzen Tag auf einen gemütlichen Abend zu Hause gefreut. Da bekommen Sie unerwartet Besuch von Bekannten. Wie verhalten Sie sich?

a) Ich bin höflich, weil sie glauben sollen, daß ich mich über ihren Besuch freue.
b) Ich sage meinen Bekannten, daß ich heute abend leider keine Zeit für sie habe.
c) Ich bitte sie herein, kümmere mich aber nicht besonders um sie und schalte den Fernsehapparat ein.

Testauswertung

Um Ihre Punktsumme zu errechnen, kreuzen Sie bitte in der Tabelle die Punkte für jede Antwort bei den 20 Fragen an. Die addierten Punkte ergeben Ihre Punktzahl bei Test 4.

	Antwort				Antwort		
	a	b	c		a	b	c
Frage	Punkte	Punkte	Punkte	Frage	Punkte	Punkte	Punkte
1	0	2	1	11	2	0	1
2	2	1	0	12	0	2	1
3	2	1	0	13	0	1	2
4	2	1	0	14	1	0	2
5	0	2	1	15	2	1	0
6	0	1	2	16	2	0	1
7	0	2	1	17	0	2	1
8	1	0	2	18	1	2	0
9	0	2	1	19	0	1	2
10	1	2	0	20	0	2	1

Ihre Punktzahl ☐

In der Bewertungstabelle können Sie unter Ihrer Punktzahl – je nach Altersgruppe – nachsehen, wie ausgeprägt Ihre Unabhängigkeit ist.

14-16 Jahre Punkte	17-21 Jahre Punkte	22-30 Jahre Punkte	über 30 Jahre Punkte	Ausprägung der Unabhängigkeit
29 - 40	31 - 40	30 - 40	30 - 40	sehr stark
28	24 - 30	26 - 29	22 - 29	stark
24 - 27	21 - 23	21 - 25	18 - 21	durchschnittlich Tendenz nach stark
17 - 23	17 - 20	17 - 20	16 - 17	durchschnittlich Tendenz nach schwächer
0 - 16	0 - 16	0 - 16	0 - 15	schwächer

Das bedeutet die Bewertung

Sehr stark

Sie sind sehr unabhängig. Sie handeln nach Ihren individuellen Wünschen und richten sich nicht danach, was andere von Ihnen erwarten. Mit dieser Einstellung neigen Sie manchmal auch zu egoistischer Rücksichtslosigkeit.

Stark

Sie besitzen eine starke Unabhängigkeit und richten Ihr Verhalten meist nach Ihren eigenen Wünschen und Interessen. Viele Personen Ihrer Altersgruppe sind in ihrem Verhalten von den Erwartungen ihrer Mitmenschen abhängiger als Sie. Ihre Unabhängigkeit macht Sie in den Augen Ihrer Mitmenschen zum Individualisten.

Durchschnittlich (Tendenz nach stark)

Sie besitzen eine normale Unabhängigkeit, die im Durchschnittsbereich liegt. Innerhalb dieses Normalbereichs tendiert Ihre Unabhängigkeit eher zu einer stärkeren Ausprägung. Sie richten sich zwar nach den Wünschen und Vorstellungen Ihrer Umwelt, zeigen jedoch auch manchmal, daß Sie davon unabhängig sein können und wollen.

Durchschnittlich (Tendenz nach schwächer)	Sie besitzen eine normale Unabhängigkeit, die im Durchschnittsbereich liegt. Innerhalb dieses Normalbereichs tendiert Ihre Unabhängigkeit eher zu einer schwächeren Ausprägung. Sie lassen sich mitunter etwas zu stark von Erwartungen und Wünschen Ihrer Mitmenschen beeinflussen. Sie neigen also leicht zur Abhängigkeit und Angepaßtheit.
Schwächer	Sie neigen dazu, Ihr Verhalten und Handeln relativ stark danach zu richten, was die Menschen Ihrer Umgebung von Ihnen erwarten. Die konventionellen Regeln und Normen sind für Sie sehr maßgebend, und es gelingt Ihnen selten, das zu tun, was Sie selbst wirklich wollen und wünschen. Sie sollten versuchen, unabhängiger zu werden.

Beratungsteil
Werden Sie unabhängiger

In der ersten Aufgabe des Testteils wurden Sie mit dieser Situation konfrontiert: »Sie sind mit mehreren Bekannten im Urlaub. Für den Abend schlagen sie den Besuch eines Lokals vor. Sie selbst würden jedoch lieber einen Spaziergang am Meer machen. Wie entscheiden Sie sich?« Wenn Sie sich Ihren Bekannten wortlos anschließen, sind Sie in dieser Situation abhängig von ihnen. Sie unterdrücken Ihren Wunsch, einen Spaziergang am Meer zu machen. Wenn Sie sich für die zweite Antwort »Ich mache den Spaziergang am Meer allein« entschieden haben, reagieren Sie besonders unabhängig. Sie handeln nach Ihren eigenen Wünschen und fühlen sich als Individualist. Wenn Sie versuchen, Ihre Bekannten zu überreden, mit Ihnen spazierenzugehen, neigen Sie zwar zur Unabhängigkeit, wollen jedoch die Abhängigkeit von der Geselligkeit mit Ihren Bekannten nicht ganz aufgeben. Diese Antwort ist die diplomatischste Lösung. Sie streben Ihre Unabhängigkeit an, zeigen offen Ihre Wünsche, aber versuchen, aus der Gemeinschaft nicht zu individualistisch auszubrechen.

Unabhängigkeit wird von vielen Menschen

angestrebt, sie läßt sich jedoch im Alltag nur schwer verwirklichen. Der Unabhängige will sich frei fühlen. Diese Freiheit ist jedoch nur bedingt möglich, denn unabhängige Menschen dürfen sich z.B. nicht von der Meinung ihrer Mitmenschen beeinflussen lassen, nehmen gesellschaftliche Normen weniger wichtig, sind streßstabil und außerdem wenig autoritätsgläubig. Abhängige Menschen dagegen sind nachgiebig, angepaßt und halten das Urteil von Autoritäten für maßgeblich. Die Ansichten ihrer Mitmenschen sind ihnen wichtig, sie richten sich nach den Regeln und Normen der Gesellschaft und wollen nicht auffallen.

Totale Unabhängigkeit ist nicht erreichbar, denn Sie dürften dann keine Hoffnungen und Erwartungen haben, müßten auch frei von allen Ängsten und Befürchtungen sein und keinen materiellen Besitz anstreben, der Sie bindet. Der zivilisierte Mensch in der westlichen europäischen Kultur kann nicht total unabhängig sein. Er kann lediglich ein größeres Maß an Unabhängigkeit anstreben.

Betrachten Sie die folgenden Tips also nicht als eine Aufforderung zu absoluter Freiheit, sondern als einen Weg zur Befreiung und Entfaltung Ihrer Persönlichkeit.

Zehn Tips für mehr Unabhängigkeit

1

Schreiben Sie auf einem Blatt Papier untereinander, wovon Sie abhängig sind, und daneben, wovon Sie sich unabhängig fühlen. Sie werden feststellen, daß Ihre Abhängigkeiten überwiegen. Überlegen Sie sich, welche Abhängigkeiten Sie zuerst ändern können.

2

Zur Unabhängigkeit gehören Mut und Selbstsicherheit. Lesen Sie nochmals den ersten Beratungsteil.

3

Unabhängigkeit wird von den Mitmenschen oft angefeindet. Lassen Sie sich davon nicht beirren.

4

Unabhängigkeit gibt Ihnen das Gefühl, daß Sie Ihr eigenes Leben leben und nicht von Fremdeinflüssen gelebt werden. Das verschafft Ihnen mehr Selbstsicherheit, die Sie ohne Scheu mit Stolz erleben können.

5
Sie werden unabhängiger, wenn Sie Ihre Einstellung zu Regeln, Normen und Besitz lockern. Es muß Ihnen bewußt werden, daß Sie viele Werte überbewerten.

6
Wenn Sie sich von den Wertvorstellungen der Gesellschaft und der Mitmenschen etwas lösen, stellen Sie fest, daß Sie sich weniger ärgern, wenn einmal etwas nicht so klappt, wie Sie erwartet haben. Sie werden durch mehr Unabhängigkeit also gelassener.

7
Eine freiere Einstellung zu den Problemen, die Sie bisher versklavt haben, fördert Ihr seelisches Wohlbefinden und macht Sie gesünder.

8
Versuchen Sie, anderen Menschen im Gespräch ihre Abhängigkeit klarzumachen. Dabei mobilisieren Sie auch eigene Kräfte für mehr Freiheit.

9
Es gibt Abhängigkeiten, die nicht beseitigt werden können, z.B. die Notwendigkeit, Ihren Lebensunterhalt zu verdienen, und die Erwartungen Ihrer Familie. Aber versuchen Sie, auch hier für mehr Freiheit einzutreten (z.B. beruflich für gleitende Arbeitszeit bzw. für ein Recht auf freie Entfaltung jedes Mitglieds).

10

Auch körperliche Krankheiten schränken Ihre Freiheit unabänderlich ein. Sie bleiben stets an Ihren Körper gebunden. Sie können aber freier und unabhängiger denken. Die freie Entfaltung Ihres Geistes ist an den Körper nicht gebunden (abgesehen von Geisteskrankheiten).

Test 5
Sind Sie selbstlos?

Sehen Sie sich die folgenden 18 Bilder bitte genau an. Beantworten Sie zu jedem Bild die Frage, indem Sie die nach Ihrer Meinung passendste Antwort (a, b oder c) ankreuzen. Antworten Sie gefühlsmäßig und spontan.

1. Woran könnte er denken?

a) Er denkt darüber nach, wie er seine schlechte finanzielle Lage bessern kann.

b) Ein guter Freund von ihm ist in eine Notlage geraten. Er überlegt, wie er ihm helfen kann.

c) Er erhielt im Urlaub einen Anruf von seiner Firma. Er soll seinen Urlaub wegen geschäftlicher Dinge abbrechen. Er fragt sich jetzt, ob dies wirklich nötig ist.

2. Worüber könnten die Geschäftsleute beraten?

a) Über die Festlegung der Urlaubstermine.

b) Über die Entlassung eines Kollegen.

c) Über ein Geschenk für einen Kollegen, der schon lange in der Firma ist.

3. Wen hat er angerufen?

a) Die Polizei, weil er von einem Autofahrer angefahren wurde. Es ist ihm jedoch nichts passiert.

b) Das Krankenhaus. Er wollte sich erkundigen, wie es dem Freund geht, der gestern operiert wurde.

c) Er hat für einen Bekannten die Polizei angerufen.

4. Wie wird sich der Junge verhalten?

a) Obwohl der Junge besser spielt, läßt er das Mädchen gewinnen.

b) Er setzt alles daran, das Spiel zu gewinnen.

c) Der Junge merkt, daß er verliert. Er bricht deshalb das Spiel ab.

5. Was denkt der junge Mann?

a) Wie kann ich sie dazu bringen, daß sie mit zu mir nach Hause kommt?

b) Sie ist ein sehr nettes Mädchen.

c) Womit kann ich ihr wohl eine Freude machen?

6. Was denkt die junge Frau?

a) Auch wenn es einige Umstände erfordert, koche ich ihm doch gerne seine Diätkost.

b) Hoffentlich findet er sein Lieblingsessen heute besonders lecker. Vielleicht kann ich ihn dann überreden, mir ein neues Kleid zu kaufen.

c) Wenn er heute wieder über das Essen schimpft, muß ich einmal ernstlich mit ihm sprechen.

7. Woran denkt das Mädchen im Vordergrund?

a) Hoffentlich werde ich genauso braun wie sie.

b) Es ist herrlich, am Strand zu faulenzen.

c) Ich freue mich, daß sie sich auch so wohl fühlt wie ich.

8. Woran denkt der Herr mit der Pfeife in bezug auf seinen Kollegen?

a) Er hat Kummer mit seiner Familie. Ob ich ihm irgendwie helfen kann?

b) Ich hätte gerne seinen Posten.

c) Ob diese Geschäftsreise wirklich nötig ist?

9. Wie verhalten sich die Jungen?

a) Sie lachen das Mädchen aus.

b) Sie helfen dem Mädchen sofort aus dem Wasser.

c) Sie denken »besser sie ist ins Wasser gefallen als ich«.

10. Worüber freuen sich diese vier Personen?

a) Über einen erfolgreichen Geschäftsabschluß.

b) Über den Konkurs der Konkurrenzfirma.

c) Über den Erfolg einer Spendenaktion.

11. Wofür demonstrieren diese Personen?

a) Für bessere Arbeitsbedingungen.

b) Für den Frieden in der Welt.

c) Für bessere Bildungschancen.

12. Worüber könnte sie glücklich sein?

a) Ihre beste Freundin hat geheiratet.

b) Ihr Mann hat eine Gehaltserhöhung bekommen.

c) Eine Kollegin hat eine schwierige Prüfung bestanden.

13. Warum bastelt das junge Mädchen?

a) Sie bastelt Spielzeug für Weihnachten.

b) Sie bastelt, weil es ihr Spaß macht.

c) Sie bastelt Spielzeug, das sie anschließend verkauft.

14. Was könnte die junge Frau im Zug beim Abschiednehmen denken?

a) Es tut mir leid, daß sie außer uns niemanden mehr hat. Wir müssen sie bald wieder besuchen.

b) Vorerst brauchen wir sie nicht wieder zu besuchen.

c) Sie hat sich wirklich viel Mühe gegeben, um uns das Wochenende bei ihr angenehm zu gestalten.

15. Worüber könnte der Mann nachdenken?

a) Er denkt über Politik nach.

b) Er überlegt, wie er möglichst billig zu einem neuen Auto kommen kann.

c) Er überlegt, womit er seiner Frau eine kleine Freude machen kann.

16. Mit wem könnte dieser Geschäftsmann telefonieren?

a) Mit seiner Bank. Er erkundigt sich nach den Aktienkursen.

b) Mit einem ehemaligen Kollegen, der kürzlich fristlos entlassen wurde. Er erkundigt sich, ob er eine neue Stelle hat.

c) Mit einem Geschäftspartner über die neueste Preisentwicklung.

17. Warum könnte der Junge weinen?

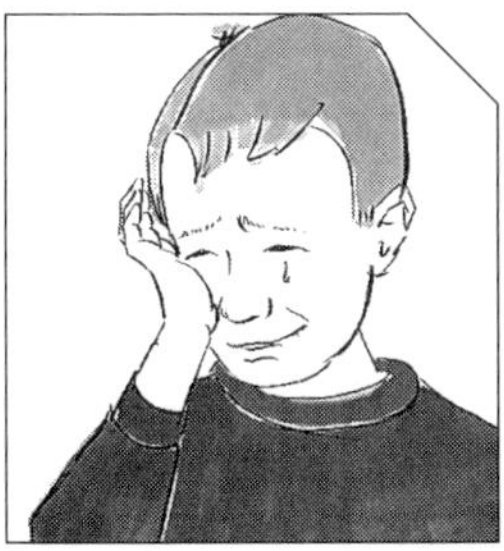

a) Er ist auf der Straße gefallen und hat sich verletzt.

b) Seine Mutter ist krank. Es tut ihm so leid, daß sie Schmerzen hat.

c) Er hat im Schaufenster eines Spielzeugladens ein Auto gesehen, das er gerne haben möchte. Seine Mutter kauft es ihm aber nicht.

18. Worüber denkt die Frau nach?

a) Sie denkt, daß ihr Mann vielleicht etwas verärgert ist, weil er lieber eine Flugreise gemacht hätte, als mit dem Wagen in Urlaub zu fahren.

b) Sie denkt, daß sie nur mitfährt, weil ihr Mann gerne einmal einen Urlaub im Gebirge verbringen möchte. Sie selbst wäre lieber in den Süden geflogen.

c) Sie denkt an den bevorstehenden Urlaub, auf den sie sich schon lange gefreut hat.

Testauswertung

Um Ihre Punktsumme zu errechnen, kreuzen Sie bitte in der Tabelle die Punkte für jede Antwort bei den 18 Fragen an. Die addierten Punkte ergeben Ihre Punktzahl bei Test 5.

	Antwort				Antwort		
	a	b	c		a	b	c
Frage	Punkte	Punkte	Punkte	Frage	Punkte	Punkte	Punkte
1	0	2	1	10	1	0	2
2	1	0	2	11	0	2	1
3	0	2	1	12	2	0	2
4	2	0	0	13	2	1	0
5	0	1	2	14	2	0	1
6	2	0	1	15	1	0	2
7	0	1	2	16	0	2	1
8	2	0	1	17	1	2	0
9	0	2	0	18	0	2	1

Ihre Punktzahl ☐

In der Bewertungstabelle können Sie unter Ihrer Punktzahl – je nach Altersgruppe – nachsehen, wie ausgeprägt Ihre Selbstlosigkeit ist.

14-16 Jahre Punkte	17-21 Jahre Punkte	22-30 Jahre Punkte	über 30 Jahre Punkte	Ausprägung der Selbstlosigkeit
28 - 36	27 - 36	30 - 36	28 - 36	sehr stark
26 - 27	25 - 26	26 - 29	24 - 27	stark
23 - 25	21 - 24	22 - 25	18 - 23	durchschnittlich Tendenz nach stark
16 - 22	14 - 20	16 - 21	15 - 17	durchschnittlich Tendenz nach schwächer
0 - 15	0 - 13	0 - 15	0 - 14	schwächer

Das bedeutet die Bewertung

Sehr stark	Sie sind sehr selbstlos und stellen Ihren eigenen Vorteil häufig zurück. Sie besitzen Verantwortungs- und Pflichtbewußtsein sowie im Kontakt mit Ihren Mitmenschen viel Mitgefühl, Opferbereitschaft und Einsatzfreude.
Stark	Sie besitzen eine selbstlose Einstellung und setzen sich für Ihre Freunde ein. Sie verzichten meist auf Ihren eigenen Vorteil, um anderen zu helfen. Viele Personen Ihrer Altersgruppe sind egoistischer eingestellt als Sie.
Durchschnittlich (Tendenz nach stark)	Sie besitzen eine normale Selbstlosigkeit, die im Durchschnittsbereich liegt. Innerhalb dieses Normalbereichs tendiert Ihre Selbstlosigkeit zu einer stärkeren Ausprägung.
Durchschnittlich (Tendenz nach schwächer)	Sie besitzen eine normale Selbstlosigkeit, die im Durchschnittsbereich liegt. Innerhalb dieses Normalbereichs tendiert Ihre Selbstlosigkeit eher zu einer schwächeren Ausprägung. Sie können manchmal eigene Interessen zurückstellen, neigen aber auch zum Egoismus.

Schwächer

Sie besitzen eine starke Neigung zum Egoismus. Bei Ihnen stehen häufig die eigenen egoistischen Interessen im Vordergrund. Sie sollten versuchen, selbstloser zu werden.

Beratungsteil
Werden Sie selbstloser

Ein Beispiel aus dem Alltag zeigt, daß Egoismus bzw. Selbstlosigkeit oft schwer zu erkennen ist. – Herr Müller kommt müde vom Büro nach Hause. Seine Frau bittet ihn, mit ihr am Abend ins Kino zu gehen. Wie könnte er sich verhalten?

1. Er willigt ein, murrt aber den ganzen Abend. – Seine Selbstlosigkeit wäre dann nur Schein. Er selbst hält sich jedoch für einen Märtyrer und glaubt, daß seine Frau egoistisch ist.

2. Er appelliert an das Verständnis seiner Frau. Sie soll auf seine Müdigkeit Rücksicht nehmen und den Kinobesuch verschieben. – Herr Müller nimmt keine Rücksicht auf die Wünsche seiner Frau. Er verhält sich also egoistisch. Anders wäre es, wenn er tatsächlich sehr müde wäre und der Kinobesuch seiner Gesundheit schaden könnte. Dann wäre seine Frau egoistisch.

3. Er willigt ein und läßt sich nicht anmerken, daß er lieber zu Hause geblieben wäre. – Er will seiner Frau eine Freude machen, auch

wenn das für ihn mit Unannehmlichkeiten verbunden ist. Er zeigt sich verständnisvoll und selbstlos. Warum handelt er so? Vielleicht, um ein Argument für den Fußballplatz zu haben. (»Ich bin damals mit dir ins Kino gegangen, also gehst du mit mir heute zu dem Fußballspiel.«) Unter diesen Umständen wäre die Selbstlosigkeit ein diplomatischer Schachzug und keine echte Selbstlosigkeit.

Es ist sehr schwer festzustellen, welches Verhalten egoistisch bzw. selbstlos ist. Die Selbstlosigkeit wird oft als Mittel zur Erpressung eingesetzt. Aus meiner Praxis kenne ich eine Mutter, die sich für ihre einzige Tochter mit übertriebener Liebe aufopferte. Die Tochter versuchte mehrmals, ihrer Mutter Freunde vorzustellen, die sich mit ihr verloben wollten. Aber stets hatte die Mutter etwas auszusetzen. Da die Tochter vom Urteil ihrer Mutter stark abhängig war, konnte sie sich nicht entschließen, eine Verlobung gegen den Willen der Mutter einzugehen. Oberflächlich gesehen handelt die Mutter selbstlos. In Wahrheit war diese Selbstlosigkeit jedoch ein Mittel zur Erpressung; sie wollte verhindern, daß die Tochter heiratet, um nicht alleine zu sein. Die Erpressung war der Mutter nicht bewußt, denn die Tatsache, daß sie der Tochter die Männer aus egoistischen Gründen vergraulte, verdrängte sie. Sie hielt sich selbst für total selbstlos.

Der Egoist wird meist verurteilt. Es gibt jedoch auch einen »normalen« Egoismus, der mit dem Selbsterhaltungstrieb verbun-

den ist. Das Ziel des normalen Egoisten ist es, die Umwelt für sich zu erobern, um seine eigenen Möglichkeiten zu festigen und zu entfalten. Den extremen Egoisten dagegen befriedigt nicht, wenn er viel besitzt; er will stets mehr als die anderen, und er empfindet starke Rivalität zu seinen Mitmenschen. Dieser Egoismus ist mit Unzufriedenheit, Neid und Eifersucht gepaart. Selbstsüchtige Menschen können nie genug bekommen, sie sind besitz- und prestigegierig und dabei geizig. Ihren Mitmenschen gegenüber sind sie rücksichtslos, roh und kalt. Es macht ihnen nichts aus, andere Menschen gewissenlos auszunutzen, da sie Emotionen wie Mitgefühl, Rücksicht und Einfühlung in sich unterdrücken.
Völlig selbstloses Verhalten gibt es selten. Dies wäre reine Menschenliebe, ohne den Hintergedanken einer Vergeltung durch Anerkennung, Lob oder Erwartung des gleichen selbstlosen Verhaltens. Die Liebe kann die Kraft für dieses Verhalten geben, aber oft auch nur, solange die Liebe auf Gegenliebe trifft.
Die reine Menschenliebe, die keine Gegenleistung erhofft, ist nicht das Ziel dieses Beratungsteils. Das wäre ein frommer Wunsch, der durch drei bis vier Buchseiten nicht erfüllt werden kann. Reine Selbstlosigkeit ist in unserer Gesellschaftsstruktur, die Leistungs- und Konkurrenzdenken fördert, sehr selten. Der Beratungsteil will lediglich versuchen, den Egoismus etwas abzubauen.

Zehn Tips zur Überwindung des Egoismus

1

Selbstlosigkeit sollte nicht mit übertriebener Bescheidenheit verwechselt werden. Berechtigte Forderungen müssen Sie mit Nachdruck durchsetzen.

2

Versuchen Sie, Ihr Recht und das Ihrer Mitmenschen zu verteidigen. Wer Unrecht erkennt und nichts dagegen unternimmt, macht sich an diesem Unrecht mitschuldig.

3

Der Selbstlose ist also nicht kraftlos demütig, im Gegenteil, er kämpft für bessere Lebensbedingungen für sich selbst und die Mitmenschen.

4

Bereits in der Schule werden Sie auf den Konkurrenzkampf gedrillt. Deshalb fällt es Ihnen schwer, Ihre Mitmenschen nicht als Rivalen zu sehen. Wenn Ihnen die Rivalität klargeworden ist, können Sie den daraus entspringenden Egoismus leichter durchschauen und vielleicht auch abschwächen.

5

Ein Zeichen für Rivalität und Konkurrenzdenken ist das Neidgefühl. Anstatt sich über Erfolge sogar nahestehender Menschen zu freuen, werden diese Erfolge meist mißgönnt. Wenn Sie den Neid abbauen können, sind Sie ein gutes Stück weniger egoistisch geworden. Außerdem verbessert sich dann auch Ihre Kontaktfähigkeit.

6

Berufliches Karrierestreben fördert den Egoismus. Lesen Sie nochmals den Beratungsteil über »richtigen« Ehrgeiz.

7

Egoismus vermindert sich, wenn man Einfühlungsvermögen besitzt und das eigene Verhalten daran orientiert, die Mitmenschen so zu behandeln, wie man selbst behandelt werden will.

8

Der Egoismus der Industrie hat dazu geführt, daß die Umwelt verschmutzt und die Natur zerstört wurde. Das ist ein Beispiel für die verheerenden Folgen des Egoismus, der nur an den eigenen Gewinn denkt und die Umwelt und Mitmenschen rücksichtslos ausbeutet.

9
Egoismus ist mit Lebensangst verbunden. Egoistisches Verhalten gibt eine momentane Sicherheit, die Angst kommt jedoch wieder – sogar verstärkt als Angst vor dem Egoismus der Mitmenschen.

10
Um die Lebensangst zu überwinden, sind Selbstsicherheit und Optimismus erforderlich. Das zeigt wiederum, wie die einzelnen Persönlichkeitsmerkmale miteinander vernetzt sind.

Test 6
Besitzen Sie Menschenkenntnis?

Sehen Sie sich die folgenden 18 Bilder bitte genau an. Beantworten Sie zu jedem Bild die Frage, indem Sie die nach Ihrer Meinung richtige Antwort (a, b oder c) ankreuzen.

1. Welche der drei Eigenschaften würden Sie am ehesten in diesem Gesicht vermuten?

a) Demut

b) Verachtung

c) Unsicherheit

2. Welche der drei Eigenschaften würden Sie am ehesten in diesem Gesicht vermuten?

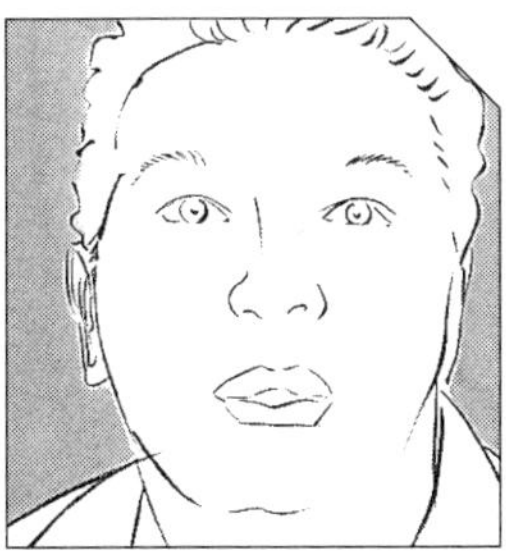

a) Verzückung

b) Angst

c) Überraschung

3. Welche der drei Eigenschaften würden Sie bei dieser Person am ehesten vermuten?

a) Resignation

b) Unterwürfigkeit

c) Überraschung

4. Welche der drei Eigenschaften würden Sie in diesem Gesicht am ehesten vermuten?

a) Mißtrauen

b) Hinterhältigkeit

c) Ironie

5. Welche der drei Eigenschaften würden Sie in diesem Gesicht am ehesten vermuten?

a) Geringschätzung

b) Ärger

c) Freude

6. Welche der drei Eigenschaften würden Sie in diesem Gesicht am ehesten vermuten?

a) Trauer

b) Zorn

c) Ekel

7. Welche der drei Eigenschaften würden Sie in diesem Gesicht am ehesten vermuten?

a) Ärger

b) Angst

c) Mißtrauen

8. Welche der drei Eigenschaften würden Sie in diesem Gesicht am ehesten vermuten?

a) Furcht

b) Empfindsamkeit

c) Konzentration

9. Welche der drei Eigenschaften würden Sie bei dieser Person am ehesten vermuten?

a) Nüchternheit

b) Geselligkeit

c) Zähigkeit

10. Welche der drei Eigenschaften würden Sie bei dieser Person am ehesten vermuten?

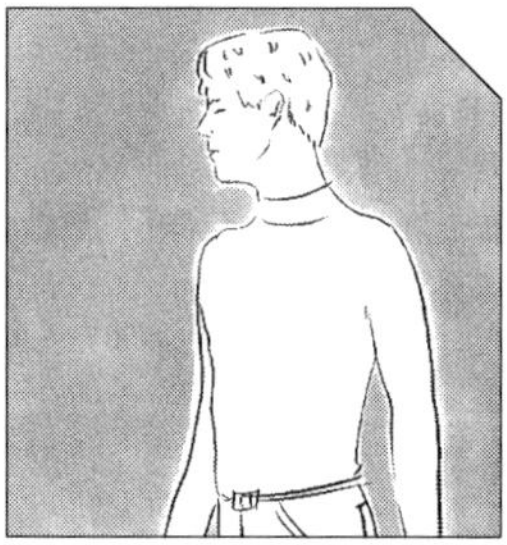

a) Nüchternheit

b) Geselligkeit

c) Zähigkeit

11. Welche der drei Eigenschaften würden Sie bei dieser Person am ehesten vermuten?

a) Nüchternheit

b) Geselligkeit

c) Zähigkeit

12. Bei welcher Schrift kann man am ehesten auf Kontaktfreude schießen?

a) Schrift 1

b) Schrift 2

c) Schrift 3

13. Welche der drei Eigenschaften würden Sie bei einer Person mit dieser Schrift am ehesten vermuten?

a) Kontaktfreude

b) Zurückhaltung

c) Egoismus

14. Welche Person ist intelligenter?

a) Person 1

b) Person 2

c) ist nicht zu entscheiden

15. Welches Gesicht verrät mehr Kühnheit?

a) Gesicht 1
b) Gesicht 2
c) ist nicht zu entscheiden

16. Welche der drei Eigenschaften würden Sie bei einer Person vermuten, die so spricht?

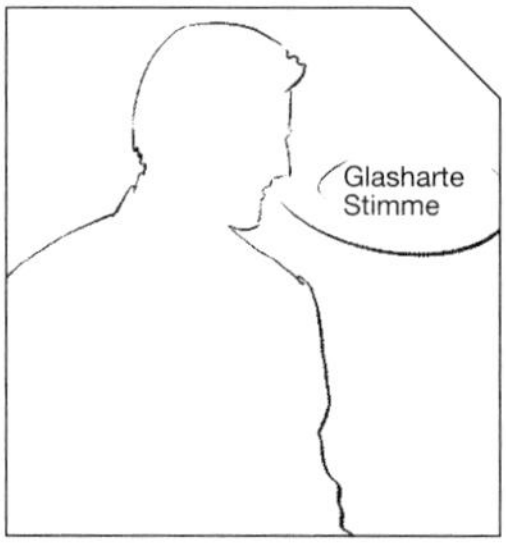

a) Verachtung
b) Mißtrauen
c) Blasiertheit

17. Welche der drei Eigenschaften würden Sie bei einer Person vermuten, die so spricht?

a) Schüchternheit
b) Traurigkeit
c) Heiterkeit

18. Welche der drei Eigenschaften würden Sie bei einer Person vermuten, die so spricht?

a) Verlegenheit

b) Ekel

c) Zurückhaltung

Testauswertung

In der Tabelle sind die richtigen Lösungen eingetragen. Kreuzen Sie bitte jeden übereinstimmenden Buchstaben an. Jedes Kreuz zählt einen Punkt.

1 b	10 a
2 c	11 b
3 b	12 a
4 b	13 b
5 a	14 c
6 b	15 c
7 c	16 a
8 b	17 c
9 c	18 c

Zählen Sie jetzt die Anzahl Ihrer Kreuze zusammen. Die Summe ist Ihre Punktzahl. In der Bewertungstabelle können Sie unter Ihrer Punktzahl – je nach Altersgruppe – nachsehen, wie ausgeprägt Ihre Menschenkenntnis ist.

14-16 Jahre Punkte	17-21 Jahre Punkte	22-30 Jahre Punkte	über 30 Jahre Punkte	Ausprägung der Menschen-kenntnis
14 - 18	16 - 18	16 - 18	14 - 18	sehr stark
12 - 13	14 - 15	13 - 15	12 - 13	stark
10 - 11	11 - 13	11 - 12	11	durchschnittlich Tendenz nach stark
8 - 9	9 - 10	9 - 10	7 - 10	durchschnittlich Tendenz nach schwächer
0 - 7	0 - 8	0 - 8	0 - 6	schwächer

Das bedeutet die Bewertung

Sehr stark	Sie besitzen eine ausgezeichnete Menschenkenntnis. Es gelingt Ihnen fast immer, aus dem Verhalten und der äußeren Erscheinung (Mimik, Körperbau, Stimme) anderer Personen die richtigen Schlüsse zu ziehen. Andere können Ihnen nur schwer etwas vormachen.
Stark	Ihre Menschenkenntnis ist gut. Sie können Ihre Mitmenschen meist richtig einschätzen und beurteilen. Vielen Personen Ihrer Altersgruppe gelingt das nicht so gut wie Ihnen.
Durchschnittlich (Tendenz nach stark)	Sie besitzen eine normal ausgeprägte Menschenkenntnis, die im Durchschnittsbereich liegt. Innerhalb dieses Normalbereichs tendiert Ihre Menschenkenntnis zu einer stärkeren Ausprägung.
Durchschnittlich (Tendenz nach schwächer)	Sie besitzen eine normal ausgeprägte Menschenkenntnis, die im Durchschnittsbereich liegt. Innerhalb dieses Normalbereichs tendiert Ihre Menschenkenntnis eher zu einer schwächeren Ausprägung. Es gelingt Ihnen nicht immer, Ihre Mitmenschen spontan richtig einzuschätzen. Sie sollten

sich also in die Mimik und Gestik anderer Personen aufmerksamer einfühlen.

Schwächer

Die Beurteilung des äußeren Eindrucks von fremden Personen ist nicht Ihre Stärke. Wenn Sie also nicht Gefahr laufen wollen, daß Ihre Schwäche ausgenutzt wird, sollten Sie versuchen, Ihre Menschenkenntnis in Zukunft durch mehr Aufmerksamkeit und die Sensibilisierung ihrer Sinne zu verbessern.

Beratungsteil

Verbessern Sie Ihre Menschenkenntnis

Jeder Mensch besitzt eine mehr oder weniger gute Menschenkenntnis aufgrund seiner erlebten Erfahrungen. Diese intuitive Menschenkenntnis nimmt im Laufe des Lebens ständig zu. Ihre Menschenkenntnis trainieren Sie also am besten im Umgang mit vielen Menschen durch genaues Beobachten.

Achten Sie auf die Mimik, Gestik, Sprechweise und den Körperausdruck Ihrer Mitmenschen. Erleben Sie die Signale des Ausdrucks bewußt mit offenen Augen und Ohren, um Ihre Sinne für die Nuancen zu schärfen.

Studieren Sie die mimischen Reaktionen auch bei Interviews im Fernsehen. Hier können Sie Personen beobachten, die sich sachlich mitteilen wollen, die oft auch ihre wirkliche Meinung zu verstecken versuchen und sich mit diplomatischem Geschick herausreden. Achten Sie auf die sparsamen, aber verräterischen Anzeichen der Mimik, Gestik und Stimme. Gibt sich der Interviewte optimistisch, neutral, oder erkennen Sie eine leichte Depression? Zeigen sich Symptome von Nervosität und Unsicherheit durch unmotivierte

Bewegungen der Hände (Kopfkratzen, Wangenstreichen, Fingertrommeln)? Ist die Wortwahl spontan, engagiert oder abwägend, langsam, vorsichtig? Aus diesen Merkmalen können Sie interessante Rückschlüsse ziehen, inwieweit Sie Vertrauen haben können oder vorsichtig sein müssen.

Die Menschenkenntnis unterliegt vielen Täuschungsmöglichkeiten und Irrtümern. Man fällt auf diese Täuschungen leicht herein, weil sie unbewußt verlaufen, wie z. B. der sogenannte »Halo-Effekt«. Wenn Ihnen ein Mensch besonders sympathisch ist, dann neigen Sie dazu, ihm viele positive Eigenschaften zuzuschreiben. Umgekehrt sehen Sie eine unsympathische Person in ihrem gesamten Charakterbild negativer. Sympathiegefühle verfärben also Ihre Menschenkenntnis.

Eine große Fehlerquelle bei der Beurteilung sind Vorurteile. Man hält Künstler für leichtlebig, Professoren für zerstreut und Studenten für politisch linksstehend. So beziehen sich Vorurteile über Körpermerkmale etwa auf folgende Aussagen: Schöne Frauen sind dumm, eine hohe Stirn läßt auf Intelligenz schließen, eine Hakennase bedeutet Kühnheit, wulstige Lippen zeigen Sinnlichkeit. Diese Vorurteile sind zwar bequem vereinfachend, aber man kommt zu falschen Schlußfolgerungen.

Ein sehr weitverbreiteter, heimtückischer Irrtum beruht auf der »projektiven Täuschung«. Man neigt dazu, in eine Person, die einer bereits bekannten Person (z. B.

durch ihr Aussehen oder ihren sozialen Stand) ähnlich ist, verwandte Eigenschaften hineinzusehen. Die Eigenschaften der bekannten Person werden in die ähnliche fremde Person projiziert. Ein Beispiel: Herr Schmidt begegnet auf einer Einladung dem fünfzigjährigen Herrn Bambach, der aufgrund seiner Figur und seines Gesichtsausdrucks einem ehemaligen Chef gleicht, mit dem sich Herr Schmidt jedoch nicht gut verstand, weil er zynisch und autoritär war. Herr Schmidt betrachtet Herrn Bambach sehr skeptisch und vermeidet eine Unterhaltung, weil er in Herrn Bambach die Eigenschaften »zynisch und autoritär« hineinprojiziert. Herr Bambach ist jedoch sehr freundlich und überhaupt nicht autoritär. Hier hat Herrn Schmidts Menschenkenntnis aufgrund der »projektiven Täuschung« versagt.

Zehn Tips zur Verbesserung Ihrer Menschenkenntnis

1

Beurteilen Sie fremde Menschen nicht vorschnell. Lassen Sie sich etwas Zeit zum besseren Kennenlernen und Beobachten.

2

Achten Sie bei Gesprächen auf die unbewußten Signale der Mimik, Gestik, Stimme und Sprechweise, um Ihre Sinne zu schärfen.

3

Machen Sie sich von Vorurteilen frei, indem Sie jeden fremden Menschen zunächst neutral sehen.

4

Passen Sie auf, wenn Sie eine Person sympathisch oder unsympathisch finden, denn Sie unterliegen der Gefahr, eine graue oder rosarote Brille zu tragen.

5

Wenn Sie jemanden unsympathisch finden, sollten Sie diese Person besonders aufmerksam studieren, um herauszufinden, warum Sie dieses Gefühl haben.

6
Wenn Sie jemand an eine andere Person erinnert, müssen Sie Ihre Menschenkenntnis besonders unter Kontrolle halten, damit Sie keine falschen Eigenschaften in die Person hineinprojizieren.

7
Versuchen Sie nicht, in fremden Personen bestimmte »Typen« zu sehen. Dadurch wird Ihre Beurteilung zu stark vereinfacht.

8
Jeder Mensch ist ein individuelles Wesen mit unverwechselbaren Gefühlen und Eigenschaften.

9
Versuchen Sie nicht nur herauszufinden, wie ein Mensch ist, fragen Sie auch nach den Gründen für sein Verhalten.

10
Wenn Sie die Erfahrungen und Erlebnisse einer Person kennen, wissen Sie mehr über ihr Weltbild und können ihr Verhalten besser verstehen. Versuchen Sie, die Persönlichkeitsstruktur und den Charakter zu begreifen. Dann können Sie Ihre Menschenkenntnis auch in eine optimale Menschenbehandlung umwandeln.

Test 7
Sind Sie belastbar?

Lesen Sie die folgenden 18 Situationen bitte aufmerksam durch, und überlegen Sie, wie Sie reagieren würden. Kreuzen Sie zu jeder Reaktionsweise an, ob sie bei Ihnen zutrifft (ja) oder nicht (nein). Am Beispiel verstehen Sie sofort, wie das gemeint ist.

Beispiel: Nachts wache ich auf und höre Gepolter im Flur.

Wenn Sie gelassen, nicht aufgeregt, ohne Herzklopfen, mit kühlem Nachdenken, ohne Schwitzen und Angstgefühle reagieren würden, müßten Sie so ankreuzen:

Ihre Reaktion	ja	nein
Gelassenheit	☒ a	b
Aufregung	b	☒ a
Herzklopfen	b	☒ a
Kühles Nachdenken	☒ a	b
Schwitzen	b	☒ a
Angst	b	☒ a

Test:

1. Sie werden in einer Gesellschaft unerwartet gebeten, eine Rede zu halten.

Ihre Reaktion	ja	nein
Herzklopfen	b	a
Nervosität	b	a
Humor	a	b
Gelassenheit	a	b
Verlegenheit	b	a
Erröten	b	a

2. Sie kommen in eine Verkehrskontrolle. Sie haben es sehr eilig. Das bemerkt der Polizeibeamte und fertigt Sie deshalb besonders langsam ab.

Ihre Reaktion	ja	nein
Freundlichkeit	a	b
Aggression	b	a
Zittern der Hände	b	a
Gelassenheit	a	b
Innere Unruhe	b	a
Schwitzen	b	a

3. Sie wurden zu einem genauen Termin auf eine Behörde gebeten. Obwohl Sie pünktlich sind, läßt man Sie über eine Stunde warten.

Ihre Reaktion	ja	nein
Unfreundlichkeit	b	a
Wut	b	a
Beherrschung	a	b
Herzklopfen	b	a
Humor	a	b
Feuchte Hände	b	a

4. Sie haben in einem Restaurant eine noch fast volle Flasche Wein umgestoßen.

Ihre Reaktion	ja	nein
Humor	a	b
Verlegenheit	b	a
Gleichgültigkeit	a	b
Stottern	b	a
Natürliches Lachen	a	b
Erröten	b	a

5. Sie haben in einem Restaurant zu Mittag gegessen und wollen bezahlen. Dabei stellen Sie fest, daß Sie Ihr Portemonnaie nicht bei sich haben.

Ihre Reaktion	ja	nein
Erröten	b	a
Ruhe	a	b
Herzklopfen	b	a
Humor	a	b
Verlegenheit	b	a
Schwitzen	b	a

6. Sie werden in der Straßenbahn beim »Schwarzfahren« erwischt.

Ihre Reaktion	ja	nein
Erröten	b	a
Gelassenheit	a	b
Zittern der Hände	b	a
Humor	a	b
Schamgefühl	b	a
Natürliches Lachen	a	b

7. Auf der Autobahn platzt Ihnen ein Reifen. Sie können Ihren Wagen am Fahrbahnrand zum Stehen bringen.

Ihre Reaktion	ja	nein
Gelassenheit	a	b
Wut	b	a
Schwitzen	b	a
Beherrschtheit	a	b
Unsicherheit	b	a
Herzklopfen	b	a

8. Sie kommen vom Einkaufen zurück. Als Sie die Wohnungstür aufschließen, kommt Ihnen Wasser entgegen, denn Ihre Waschmaschine ist ausgelaufen.

Ihre Reaktion	ja	nein
Ruhe	a	b
Resignation	b	a
Zittern der Hände	b	a
Beherrschtheit	a	b
Wut	b	a
Humor	a	b

9. Sie müssen eine Prüfung ablegen. Der Prüfer ruft Sie mit unfreundlicher und harter Stimme ins Prüfungszimmer herein.

Ihre Reaktion	ja	nein
Erblassen	b	a
Zittern der Hände	b	a
Gelassenheit	a	b
Sicherheit	a	b
Schwitzen	b	a
Angst	b	a

10. Sie fahren alleine in einem Aufzug. Plötzlich bleibt der Aufzug zwischen zwei Stockwerken stehen.

Ihre Reaktion	ja	nein
Humor	a	b
Gelassenheit	a	b
Wut	b	a
Herzklopfen	b	a
Unwohlsein	b	a
Kühles Nachdenken	a	b

11. Sie kommen aus dem Urlaub zurück und haben mehr Zigaretten und Spirituosen mitgebracht, als die Bestimmungen zulassen. Am Zoll werden Sie gebeten, Ihren Koffer zu öffnen.

Ihre Reaktion	ja	nein
Gelassenheit	a	b
Aufregung	b	a
Sicherheit	a	b
Angst	b	a
Schwitzen	b	a
Zittern der Hände	b	a

12. In einer Diskussion werden Sie von allen ausgelacht, weil sie Ihre Ideen für verrückt und falsch halten.

Ihre Reaktion	ja	nein
Erröten	b	a
Humor	a	b
Gelassenheit	a	b
Aufbrausen	b	a
Beherrschtheit	a	b
Verlegenheit	b	a

13. Sie haben sich mit einem guten Freund heftig gestritten. Der Streit endet damit, daß Ihr Freund sagt: »Mit dir will ich nichts mehr zu tun haben.«

Ihre Reaktion	ja	nein
Aggression	b	a
Gelassenheit	a	b
Humor	a	b
Unsicherheit	b	a
Herzklopfen	b	a
Beherrschtheit	a	b

14. Sie haben sich schriftlich um eine neue Stelle beworben und sollen sich zu einem Gespräch mit dem Personalchef treffen. Er empfängt Sie mit der Bemerkung: »Ihr Bewerbungsschreiben war ja nicht gerade eine Empfehlung für Sie!«

Ihre Reaktion	ja	nein
Unsicherheit	b	a
Ruhe	a	b
Stottern	b	a
Erröten	b	a
Gelassenheit	a	b
Verlegenheit	b	a

15. Sie sind auf einer geselligen Veranstaltung und tanzen. Ihr Partner sagt zu Ihnen: »Sie tanzen aber sehr schlecht.«

Ihre Reaktion	ja	nein
Humor	a	b
Verlegenheit	b	a
Aufbrausen	b	a
Erröten	b	a
Gelassenheit	a	b
Natürliches Lachen	a	b

16. In einer Diskussion macht man Ihnen den Vorwurf: »Sie haben wohl überhaupt keine eigene Meinung!«

Ihre Reaktion	ja	nein
Aggression	b	a
Beherrschtheit	a	b
Verlegenheit	b	a
Schwitzen	b	a
Gelassenheit	a	b
Stottern	b	a

17. Sie haben sich in einem Gespräch bloßgestellt. Ihre Gesprächspartner haben bemerkt, daß Sie sich durch Lügen und falsche Angaben Prestige verschaffen wollten.

Ihre Reaktion	ja	nein
Verlegenheit	b	a
Erröten	b	a
Stottern	b	a
Gelassenheit	a	b
Humor	a	b
Zittern der Hände	b	a

18. Ihr Vorgesetzter ist mit Ihrer Arbeit nicht zufrieden und kritisiert Sie.

Ihre Reaktion	ja	nein
Ruhe	a	b
Erröten	b	a
Beherrschtheit	a	b
Unsicherheit	b	a
Stottern	b	a
Verlegenheitslächeln	b	a

Testauswertung

Zählen Sie bitte bei allen 18 Aufgaben sämtliche Kreuze zusammen, die Sie bei »a« gemacht haben. Die Summe ergibt Ihre Punktzahl.
In der Bewertungstabelle können Sie unter Ihrer Punktzahl – je nach Altersgruppe – nachsehen, wie stark Ihre Belastbarkeit ausgeprägt ist.

14-16 Jahre Punkte	17-21 Jahre Punkte	22-30 Jahre Punkte	über 30 Jahre Punkte	Ausprägung der Belastbarkeit
96 - 108	98 - 108	100 - 108	104 - 108	sehr stark
88 - 95	90 - 97	88 - 99	92 - 103	stark
73 - 87	70 - 89	66 - 87	70 - 91	durchschnittlich Tendenz nach stark
47 - 72	50 - 69	50 - 65	50 - 69	durchschnittlich Tendenz nach schwächer
0 - 46	0 - 49	0 - 49	0 - 49	schwächer

Das bedeutet die Bewertung

Sehr stark	Sie besitzen eine sehr hohe seelische Belastbarkeit und sind kaum in Verlegenheit zu bringen. Nur in Extremsituationen verlieren Sie Ihre Gelassenheit und Ruhe.
Stark	Im Vergleich zu Ihrer Altersgruppe sind Sie seelisch stark belastbar. Es fällt schwer, Sie aus der Ruhe zu bringen. Auch wenn Sie sich einmal durch eine eigene Ungeschicklichkeit bloßstellen, werden Sie selten in Verlegenheit geraten.
Durchschnittlich (Tendenz nach stark)	Sie besitzen eine normale seelische Belastbarkeit, die im Durchschnittsbereich liegt. Innerhalb dieses Normalbereichs tendiert Ihre Belastbarkeit zu einer stärkeren Ausprägung.
Durchschnittlich (Tendenz nach schwächer)	Sie besitzen eine normale seelische Belastbarkeit, die im Durchschnittsbereich liegt. Innerhalb dieses Normalbereichs tendiert Ihre Belastbarkeit eher zu einer schwächeren Ausprägung. Sie verlieren in Streßsituationen manchmal Ihre Gelassenheit und Ruhe. Über eigene Fehler können Sie sich manchmal stark aufregen und seelisch aus dem Gleichgewicht geraten.

Schwächer

Sie neigen dazu, in unangenehmen Situationen leicht unruhig und verlegen zu werden. Sie sollten deshalb versuchen, auf kleinere Mißgeschicke mit Humor zu reagieren und in Zukunft eine gelassenere Einstellung zu gewinnen.

Beratungsteil

Werden Sie streß-stabiler

Während eines Jahres gibt es viele Belastungen, die oft unvermeidbar sind. Der amerikanische Psychologe Dr. Thomas Holmes von der Universität Seattle hat die häufigsten Streßsituationen in einer Tabelle zusammengestellt und ihre Auswirkungen auf die körperliche und seelische Gesundheit untersucht. Er gab den verschiedenen Streßsituationen je nach ihrer Belastungsstärke unterschiedlich Streßpunkte. Nach seiner Untersuchung dürfen im Laufe eines Jahres nicht mehr als 300 Punkte zusammenkommen. Bei 300 Punkten beobachtete er bedenkliche Krankheitssymptome (u.a. Herzanfälle und Depression).
Lesen Sie die Tabelle aufmerksam durch, und kreuzen Sie Ihre eigenen Streßpunkte innerhalb der letzten 12 Monate an.

Streßsituation

Tod des Ehegatten	100
Scheidung	73
Ehetrennung	65
Gefängnisstrafe	63
Tod eines nahen Familienmitglieds	63
Unfall oder Krankheit	53
Eheschließung	50

Kündigung durch Arbeitgeber	47
Eheliche Versöhnung	45
Pensionierung	45
Krankheit in der Familie	44
Schwangerschaft	40
Sexuelle Schwierigkeiten	39
Familienzuwachs	39
Veränderung der finanziellen Situation	38
Tod eines nahen Freundes	37
Versetzung auf einen anderen Arbeitsplatz	36
Mehr oder weniger Streit mit dem Ehegatten	35
Hypothek über 40 000 Mark	31
Zwangsvollstreckung	30
Neuer Verantwortungsbereich am Arbeitsplatz	29
Sohn/Tochter verläßt das Haus	29
Schwierigkeiten mit Schwiegereltern	29
Hervorragende persönliche Leistung	28
Ehefrau nimmt außer Haus eine Arbeit an oder beendet sie	26
Kind kommt zur Schule/verläßt Schule	26
Veränderung persönlicher Gewohnheiten	24
Schwierigkeiten mit dem Chef	23
Veränderte Arbeitszeiten oder Arbeitsbedingungen	20
Wohnungswechsel	20
Schulwechsel	20
Änderung der Freizeit	19
Veränderter gesellschaftlicher Umgang	18
Hypothek oder Kredit unter 40 000 Mark	17
Veränderte Schlafgewohnheiten	16

Mehr oder weniger Familienbesuch	15
Veränderung der Eßgewohnheiten	15
Urlaub	13
Kleinere Rechtsübertretungen	11

Die Streßverträglichkeit ist unterschiedlich ausgeprägt. Eine Streßsituation, die einen Menschen zum Zusammenbruch bringt, schüttelt ein anderer (mit »dickem Fell«) mühelos ab. Im Testteil haben Sie den Grad Ihrer Belastbarkeit überprüft. Die Streßtabelle sagt Ihnen, wie hoch Ihre Streßpunkte im vergangenen Jahr waren. Die beiden Werte können Sie nun zueinander in Beziehung setzen. Wenn Sie die kritische Punktzahl 300 erreichen, sollten Sie im Test eine gute Belastbarkeit erzielt haben. Ist Ihre Belastbarkeit dagegen gering ausgeprägt, sollten Sie ein Gespräch mit einem Psychotherapeuten oder Psychologen führen.

Die häufigsten Streßsituationen liegen in den Bereichen Ehe und Beruf. Sie müssen sich täglich den Belastungen der Arbeitswelt anpassen. Das sind: zu großes Arbeitspensum, Termindruck, Mitarbeiter versagen, Sie müssen bei Pannen einspringen. Sie werden gestört und unterbrochen, der Lärm ist zu groß, Intrigen der Kollegen, schlechtes Betriebsklima, Ihr Vorgesetzter hat Sie übergangen usw.

Diese Streßbelastungen können Sie nicht vermeiden. Aber Sie können Ihre Einstellung dazu verändern. Die falsche Einstellung, die berufliche Belastungen noch verstärkt, ist: zu starker Ehrgeiz, Prestige-

streben, überhöhte Karriereziele, Überschätzung der eigenen Fähigkeiten, der Aufstieg geht zu langsam, Selbstunsicherheit und Ungeduld.
Belastungen sollten möglichst noch am gleichen Tag verarbeitet werden. Sie sollten also nicht »eine Nacht darüber schlafen«, sondern noch am gleichen Tag mit einem Freund oder dem Ehepartner Ihren Ärger durchsprechen. Den Ausgleich schafft auch eine Belohnung. Belohnen Sie sich selbst durch ein gutes Abendessen, einen Kinobesuch oder ein Geschenk, das Sie sich selbst machen.

Zehn Ratschläge zur Verbesserung Ihrer Streß-Stabilität

1

Analysieren Sie Ihre individuelle Streßsituation, und stellen Sie fest, was Ihnen immer wieder zu schaffen macht. Machen Sie sich Gedanken darüber, wie Sie diese Streßsituationen in Zukunft verhindern können.

2

Wenn Sie keine Möglichkeit zur Veränderung Ihrer individuellen Streßverhältnisse sehen, versuchen Sie, Ihre Einstellung zu verändern.

3

Nehmen Sie nicht mehr so wichtig, was Sie bisher geärgert hat.

4

Kompensieren Sie Belastungen des Tages noch am gleichen Tag in Gesprächen und Belohnungen, die Sie sich selbst ermöglichen.

5

Versuchen Sie, eine Streßsituation vorauszuahnen, und stellen Sie sich schon rechtzeitig darauf ein.

6
Spannen Sie am Wochenende völlig aus, auch wenn Ihr Ehrgeiz Sie nicht ruhen lassen will.

7
Verlassen Sie sich nicht auf Ihren Jahresurlaub als Streßausgleich. Der Urlaub bringt neuen Streß und genügt als alleiniger Ausgleich nicht.

8
Versuchen Sie, insgesamt mehr seelische Ausgeglichenheit zu erlangen. Beschäftigen Sie sich z.B. in Ihrer Freizeit mit Hobbys, Sport oder autogenem Training.

9
Körperliche Reaktionen auf Streß (Herzschmerzen, Schweißausbrüche, Kreislaufstörungen, Magen- und Darmstörungen) sind ein ernstzunehmendes Signal, bei dem Sie unbedingt zum Arzt gehen sollten.

10
Steigern Sie Ihr Selbstbewußtsein, und versuchen Sie, eine optimistische Lebenseinstellung zu gewinnen. Einige Ratschläge dazu finden Sie in den ersten beiden Beratungsteilen dieses Buches.

Test 8
Sind Sie tolerant?

Lesen Sie bitte die folgenden 24 Behauptungen aufmerksam durch. Sie sollen zu jeder Behauptung die Stärke Ihrer Zustimmung angeben. Unter jedem Satz finden Sie eine Skala mit Bewertungen von 0 bis 6, die diese Bedeutungen haben:

0 = keine Zustimmung
1 = geringe Zustimmung
2 = etwas Zustimmung
3 = mittlere Zustimmung
4 = stärkere Zustimmung
5 = starke Zustimmung
6 = sehr starke Zustimmung

Kreuzen Sie bei jedem Satz die Zahl an, die den Grad Ihrer Zustimmung angibt. Antworten Sie spontan, und lassen Sie sich von Ihren Gefühlen leiten.

Beispiel: »Reiche Leute sind glücklicher als arme.« Wenn Sie dieser Behauptung gering zustimmen würden, müßten Sie auf der Skala die »1« ankreuzen.

Zustimmung:	keine	gering	etwas	mittel	stär-ker	stark	sehr stark
	0	~~1~~	2	3	4	5	6

Test:

1. Wenn ich mitten in der Nacht durch das Schreien eines Nachbarkindes aufwache, bin ich sehr verärgert.

Zustimmung:	keine	gering	etwas	mittel	stär-ker	stark	sehr stark
	0	1	2	3	4	5	6

2. Es fällt mir schwer, Leuten zuzuhören, die völlig andere Ansichten vertreten als ich.

Zustimmung:	keine	gering	etwas	mittel	stär-ker	stark	sehr stark
	0	1	2	3	4	5	6

3. Frauen sollten keine Möglichkeit haben, Passagierflugzeuge zu fliegen.

Zustimmung:	keine	gering	etwas	mittel	stär-ker	stark	sehr stark
	0	1	2	3	4	5	6

4. Als Personalchef einer Firma würde ich keine ehemaligen Strafgefangenen einstellen.

Zustimmung:	keine	gering	etwas	mittel	stär-ker	stark	sehr stark
	0	1	2	3	4	5	6

5. Als Theaterdirektor würde ich Besuchern, die im Pullover zu einer Premiere erscheinen, den Eintritt verwehren.

Zustimmung:	keine	gering	etwas	mittel	stärker	stark	sehr stark
	0	1	2	3	4	5	6

6. Ungehorsame Kinder müssen immer bestraft werden, damit sie Gehorsam lernen.

Zustimmung:	keine	gering	etwas	mittel	stärker	stark	sehr stark
	0	1	2	3	4	5	6

7. Alle Hippies und Gammler sollten zwei Jahre Militärdienst leisten.

Zustimmung:	keine	gering	etwas	mittel	stärker	stark	sehr stark
	0	1	2	3	4	5	6

8. Radikale politische Gruppen sollten verboten werden, weil sie den Frieden stören.

Zustimmung:	keine	gering	etwas	mittel	stärker	stark	sehr stark
	0	1	2	3	4	5	6

9. Nur wer hart arbeitet, sollte auch viel Geld verdienen.

Zustimmung:	keine	gering	etwas	mittel	stärker	stark	sehr stark
	0	1	2	3	4	5	6

10. Neuerungen gegenüber bin ich skeptisch eingestellt.

Zustimmung:	keine	gering	etwas	mittel	stär- ker	stark	sehr stark
	0	**1**	**2**	**3**	**4**	**5**	**6**

11. Nach Möglichkeit vermeide ich es, mit Menschen, die anders denken als ich, zu diskutieren.

Zustimmung:	keine	gering	etwas	mittel	stär- ker	stark	sehr stark
	0	**1**	**2**	**3**	**4**	**5**	**6**

12. Ich halte nichts von Damenfußball.

Zustimmung:	keine	gering	etwas	mittel	stär- ker	stark	sehr stark
	0	**1**	**2**	**3**	**4**	**5**	**6**

13. Gastarbeiter sollten nicht die gleichen Rechte haben wie die Bürger des Landes, in dem sie leben.

Zustimmung:	keine	gering	etwas	mittel	stär- ker	stark	sehr stark
	0	**1**	**2**	**3**	**4**	**5**	**6**

14. Ältere Menschen sollten sich nicht allzu modern kleiden.

Zustimmung:	keine	gering	etwas	mittel	stär- ker	stark	sehr stark
	0	**1**	**2**	**3**	**4**	**5**	**6**

15. Ich bin Frühehen gegenüber skeptisch eingestellt.

Zustimmung:	keine	gering	etwas	mittel	stär- ker	stark	sehr stark
	0	1	2	3	4	5	6

16. Es sollte nicht erlaubt sein, in Mietwohnungen größere Haustiere (Hunde oder Katzen) zu halten.

Zustimmung:	keine	gering	etwas	mittel	stär- ker	stark	sehr stark
	0	1	2	3	4	5	6

17. Als Chef eines Unternehmens würde ich von meinen Mitarbeitern immer gute Leistungen und persönlichen Einsatz für die Firma erwarten.

Zustimmung:	keine	gering	etwas	mittel	stär- ker	stark	sehr stark
	0	1	2	3	4	5	6

18. Ich bejahe die Richtigkeit des Sprichwortes: »Wer einmal lügt, dem glaubt man nicht.«

Zustimmung:	keine	gering	etwas	mittel	stär- ker	stark	sehr stark
	0	1	2	3	4	5	6

19. Spitzensportler müssen bei wichtigen Wettbewerben immer ihre Höchstform zeigen.

Zustimmung:	keine	gering	etwas	mittel	stärker	stark	sehr stark
	0	**1**	**2**	**3**	**4**	**5**	**6**

20. Über die Neuheiten der Mode kann ich oft nur den Kopf schütteln.

Zustimmung:	keine	gering	etwas	mittel	stärker	stark	sehr stark
	0	**1**	**2**	**3**	**4**	**5**	**6**

21. Bei der Planung des Urlaubs sollten die Wünsche kleinerer Kinder nicht berücksichtigt werden.

Zustimmung:	keine	gering	etwas	mittel	stärker	stark	sehr stark
	0	**1**	**2**	**3**	**4**	**5**	**6**

22. Frauen sollten nicht soviel Alkohol trinken wie Männer.

Zustimmung:	keine	gering	etwas	mittel	stärker	stark	sehr stark
	0	**1**	**2**	**3**	**4**	**5**	**6**

23. Alle Drogensüchtigen gehören in eine geschlossene Besserungsanstalt.

Zustimmung:	keine	gering	etwas	mittel	stär-ker	stark	sehr stark
	0	**1**	**2**	**3**	**4**	**5**	**6**

24. Ich lasse mich nur ungern auf Meinungsverschiedenheiten ein.

Zustimmung:	keine	gering	etwas	mittel	stär-ker	stark	sehr stark
	0	**1**	**2**	**3**	**4**	**5**	**6**

Testauswertung

Um Ihre Punktsumme zu errechnen, zählen Sie bitte die in allen Aufgaben angekreuzten Zahlen zusammen. Die Summe ergibt Ihre Punktzahl. In der Bewertungstabelle können Sie unter Ihrer Punktzahl – je nach Altersgruppe – nachsehen, wie ausgeprägt Ihre Toleranz ist.

14-16 Jahre Punkte	17-21 Jahre Punkte	22-30 Jahre Punkte	über 30 Jahre Punkte	Ausprägung der Toleranz
0 - 10	0 - 13	0 - 9	0 - 15	sehr stark
11 - 12	14 - 16	10 - 15	16 - 31	stark
13 - 29	17 - 30	16 - 32	32 - 50	durchschnittlich Tendenz nach stark
30 - 62	31 - 49	33 - 48	51 - 60	durchschnittlich Tendenz nach schwächer
63 - 144	50 - 144	49 - 144	61 - 144	schwächer

Das bedeutet die Bewertung

Sehr stark	Sie sind sehr tolerant. Es stört Sie nicht, wenn jemand anderer Meinung ist als Sie, und auch extreme Standpunkte und ausgefallene Ideen können Sie akzeptieren.
Stark	Viele Personen Ihrer Altersgruppe sind intoleranter als Sie. Menschen mit anderen Ansichten können Sie gut verstehen. Sie sind weitgehend frei von Vorurteilen und sind Neuem gegenüber aufgeschlossen.
Durchschnittlich (Tendenz nach stark)	Sie besitzen eine normal ausgeprägte Toleranz, die im Durchschnittsbereich liegt. Innerhalb dieses Normalbereichs tendiert Ihre Toleranz zu einer stärkeren Ausprägung.
Durchschnittlich (Tendenz nach schwächer)	Sie besitzen eine normal ausgeprägte Toleranz, die im Durchschnittsbereich liegt. Innerhalb dieses Normalbereichs tendiert Ihre Toleranz eher zu einer schwächeren Ausprägung. Es fällt Ihnen mitunter schwer, Personen, die andere Ansichten haben, zu akzeptieren. Auch Neuem stehen Sie eher etwas skeptisch gegenüber.
Schwächer	Sie besitzen nur eine relativ geringe Tole-

ranz. Es wäre Ihnen am liebsten, wenn alle Menschen genauso denken würden wie Sie, und es fällt Ihnen sehr schwer, andere Ansichten anzuerkennen. Neuem gegenüber sind Sie eher skeptisch eingestellt.

Beratungsteil
Steigern Sie Ihre Toleranz

Wer seine Mitmenschen in ihrer Andersartigkeit (Anschauung, Sitten, Gewohnheiten, Hautfarbe, Alter, Lebensstil) akzeptieren kann, ist tolerant. Toleranz ist schwer zu erreichen, weil jeder Mensch zunächst von sich selbst und seinen eigenen Meinungen und Erfahrungen ausgeht. Schon in früher Kindheit werden die Spielregeln einer Gesellschaft gelernt und dann meist für richtig und unumstößlich gehalten.
Da der Mensch jedoch nicht wie Tiere an Instinkte gebunden ist, ist er in seiner Lebensweise und Weltanschauung nicht gebunden. Er kann sich seine Regeln und Normen des Zusammenlebens selbst gestalten. Aus diesem Grund haben sich die vielfältigsten Kulturen und Religionen im Laufe der Geschichte auf der Erde nebeneinander entwickeln und entfalten können. Aber nicht nur die Kulturen sind aufgrund dieser »Instinktfreiheit« unterschiedlich, sondern auch die verschiedenen sozialen Schichten und Altersgruppen entwickeln verschiedene Denk- und Verhaltensweisen. Zum Beispiel entsteht der sogenannte Generationskonflikt aufgrund mangelnder Toleranz beider Seiten. Die Älteren

wollen an ihren Traditionen festhalten, während die »Jungen« vieles umstürzen und aus ihrer Sicht bessermachen wollen.
Vater und Sohn diskutieren über den Wehrdienst. Der Sohn versucht seinem Vater klarzumachen, daß er keinen Sinn im Militärdienst sieht und deshalb von seinem Recht Gebrauch machen will, den Militärdienst zu verweigern. Der Vater versteht seinen Sohn nicht, weil er in seiner Jugend den Militärdienst voll akzeptierte. Das war für ihn selbstverständlich. Es kommt zum Streit, weil mangelnde Toleranzbereitschaft emotionale Erregung entfacht. Der Konflikt könnte leicht beigelegt werden, wenn beide Parteien sachlich ihre Argumente durchsprechen würden und jeder für den anderen dadurch mehr Verständnis hätte. Das Verständnis wächst automatisch in einer sachlichen Diskussion.
Glücklicherweise haben heute viele starre Normen nicht mehr die frühere Bedeutung. Zum Beispiel wurden viele sexuelle Tabus abgebaut, u.a. hat sich die Einstellung zur Homosexualität und zum vorehelichen Geschlechtsverkehr gewandelt; die Toleranz ist hier größer geworden.
Die Fähigkeit zur Toleranz ist mit gutem Selbstvertrauen gekoppelt. Wer unsicher und egoistisch ist, besitzt wenig Toleranz, weil er sich durch andersartige Menschen und Meinungen bedroht fühlt. Mit steigender Selbstsicherheit wächst die Bereitschaft zur Toleranz. Deshalb ist das Training der Selbstsicherheit der erste Schritt für mehr Toleranz.

Toleranz ist eine hohe Stufe der Persönlichkeitsentwicklung und gilt im Alter als Weisheit. Durch erworbene Lebensklugheit weiß der Weise, daß andersartige Menschen und Meinungen nichts Aufregendes, sondern etwas ganz Natürliches sind. Diese Erkenntnis erleichtert tolerantes Verhalten.

In Diskussionen können Sie Toleranz leicht beobachten. Intolerante Menschen sagen häufig »Das war immer so, das wird auch so bleiben«, oder »Dazu bist du zu jung (zu alt, zu dumm, zu arm usw.)«.

Der Intolerante sieht nur schwarz oder weiß. Die vielen Zwischentöne will er nicht gelten lassen. Gewöhnen Sie sich an, gerade auf die Zwischentöne zu achten. Bewerten Sie etwas also nicht nur nach richtig und falsch, sondern sehen Sie, daß einiges richtig und manches falsch ist. Auf diese Weise bekommen Sie ein richtigeres Bild von der Wirklichkeit.

Zehn Tips zur Steigerung Ihrer Toleranz

1

Jeder Mensch hat ein Recht, seine persönliche Meinung zu äußern. Versuchen Sie, zunächst einmal zuzuhören und die Meinung eines anderen zu verstehen.

2

Viele Normen, die früher ihren Sinn hatten, haben diesen heute verloren. Sehen Sie deshalb Normen und Spielregeln des Zusammenlebens im Licht ihrer Relativität.

3

Machen Sie sich von Vorurteilen frei, denn sie erschweren die Toleranz. Lesen Sie den Beratungsteil zur Menschenkenntnis.

4

Menschenliebe und Toleranz gehören zusammen, Menschenliebe erleichtert die Toleranz.

5

Sie sollten nie glauben, daß Ihre Ansichten allein gültig sind. Durch Toleranz sind Sie offen für neue Anregungen und Denkimpulse.

6
Toleranz erhält Sie psychisch gesund, weil Ihnen Aufregungen und Ärger erspart bleiben.

7
Wenn jemand nach Ihrer Meinung Unsinn erzählt, sollten Sie auch das tolerieren. Jeder kann sich irren, es besteht kein Grund, ihn deswegen zu verurteilen, auch wenn er auf diesem Unsinn weiterhin beharren sollte.

8
Toleranz fördert den Kontakt, weil sich die Mitmenschen von Ihnen akzeptiert fühlen. Sobald Sie das einmal bewußt erlebt haben, fällt Ihnen Toleranz in Zukunft bestimmt leichter.

9
Wenn Sie feststellen, daß Sie etwas total ablehnen, dann forschen Sie einmal nach, ob Sie vielleicht aus tieferliegenden Gründen Angst davor haben. Ihre Angst kann überwunden werden, wenn Sie die Ursache kennen und sich damit beschäftigen.

10
Mehr Toleranz gewinnen Sie nicht von einem Tag zum anderen. Dazu ist ein längerer Lern- und Erfahrungsprozeß erforderlich.

Test 9
Sind Sie ehrgeizig?

Lesen Sie bitte die folgenden 25 Sätze aufmerksam durch. Sie können jeden Satz entweder mit »stimmt«, »stimmt nicht« oder »stimmt teilweise« beantworten. Setzen Sie das Kreuz in den dafür vorgesehenen Kreis. Richtige oder falsche Antworten gibt es bei diesem Test nicht, da es nur auf Ihre Meinung ankommt. Antworten Sie möglichst spontan. Sollten einige Fragen nicht auf Sie passen, dann versuchen Sie sich in die Situation zu versetzen und antworten Sie gefühlsmäßig und spontan.

	stimmt	stimmt teilweise	stimmt nicht
1. Es ärgert mich, wenn Leute, die genauso intelligent sind wie ich, mehr erreichen.	○	○	○
2. Es ist mir sehr wichtig, daß andere Menschen meine Leistungen anerkennen.	○	○	○

	stimmt	stimmt teilweise	stimmt nicht
3. Ich sehe mir auch Fernsehsendungen an, die mich weniger interessieren, von denen ich aber etwas lernen kann.	○	○	○
4. Ich bemühe mich, weniger gut ausgeprägte Fähigkeiten durch Training zu verbessern.	○	○	○
5. Es reizt mich, schwierigere Probleme zu lösen.	○	○	○
6. Ich stecke mir immer ein bestimmtes Ziel, das ich erreichen möchte.	○	○	○
7. Ich arbeite oft in meiner Freizeit.	○	○	○
8. Ich würde gern wissen, wie ich meine Leistungen verbessern kann.	○	○	○
9. In meiner Schulzeit war ich mit meinen Leistungen nie so recht zufrieden.	○	○	○
10. Ich bin kein guter Verlierer.	○	○	○

	stimmt	stimmt teilweise	stimmt nicht
11. Ich vergleiche meine Leistungen gern mit denen anderer Leute.	○	○	○
12. Für eine Tätigkeit, die wenig Anerkennung findet, könnte ich mich nicht begeistern.	○	○	○
13. Kritik nehme ich mir sehr zu Herzen.	○	○	○
14. Ich bin unzufrieden mit meinen Fähigkeiten und meinem Wissen.	○	○	○
15. Ich wäre in der Schule gerne Klassenbester gewesen.	○	○	○
16. Ich halte Menschen, die nichts leisten, für weniger wertvoll.	○	○	○
17. Gesellschaftsspiele machen mir Spaß, weil ich immer versuche zu gewinnen.	○	○	○
18. Die berufliche Karriere ist mir wichtiger als vieles andere.	○	○	○

	stimmt	stimmt teilweise	stimmt nicht
19. Ich hätte lieber eine etwas unsichere Stelle mit guten Aufstiegsmöglichkeiten als einen ruhigen und gesicherten Beamtenposten.	◯	◯	◯
20. Ich wäre gerne Anführer einer Gruppe.	◯	◯	◯
21. Ein Mensch, der im Leben viel erreicht hat, ist mir von vornherein sympathisch.	◯	◯	◯
22. Ich möchte mehr erreichen als meine Eltern.	◯	◯	◯
23. Als Sportler würde ich nicht an Wettkämpfen teilnehmen, bei denen von vornherein feststeht, daß ich wahrscheinlich nur Letzter werden kann.	◯	◯	◯
24. Als Vorgesetzter würde ich mich bemühen, auf allen Gebieten besser zu sein als meine Mitarbeiter.	◯	◯	◯

	stimmt	stimmt teilweise	stimmt nicht
25. Nur wenn ich eine gute Leistung vollbracht habe, bin ich zufrieden mit mir.	○	○	○

Testauswertung

Um Ihre Punktsumme zu errechnen, zählen Sie die Anzahl Ihrer Antworten bei »stimmt«, »stimmt teilweise«, »stimmt nicht« zusammen.
Für jedes »stimmt« erhalten Sie zwei Punkte, für jedes »stimmt teilweise« einen Punkt. »Stimmt-nicht«-Antworten erhalten keinen Punkt. Die errechnete Summe ergibt Ihre Punktzahl.
In der Bewertungstabelle können Sie unter Ihrer Punktzahl – je nach Altersgruppe – nachsehen, wie ausgeprägt Ihr Ehrgeiz ist.

14-16 Jahre Punkte	17-21 Jahre Punkte	22-30 Jahre Punkte	über 30 Jahre Punkte	Ausprägung des Ehrgeizes
40 - 50	35 - 50	42 - 50	40 - 50	sehr stark
36 - 39	31 - 34	32 - 41	35 - 39	stark
23 - 35	22 - 30	26 - 31	28 - 34	durchschnittlich Tendenz nach stark
19 - 22	14 - 21	20 - 25	23 - 27	durchschnittlich Tendenz nach schwächer
0 - 18	0 - 13	0 - 19	0 - 22	schwächer

Das bedeutet die Bewertung

Sehr stark

Sie besitzen einen sehr starken Ehrgeiz. Durch Leistungen versuchen Sie, Ihr Selbstwertgefühl zu erhöhen. Sie sollten in Zukunft Ihre hohe Leistungsbezogenheit etwas vermindern, da zu großer Ehrgeiz Ihre Leistung eher negativ als positiv beeinflussen kann.

Stark

Sie sind in Ihrer Einstellung sehr leistungsbezogen und wollen durch Leistungen Geltung erlangen. Beachten Sie bitte, daß ein zu starker Ehrgeiz sich eher störend als fördernd auf die Leistungsfähigkeit auswirkt.

Durchschnittlich (Tendenz nach stark)

Sie besitzen einen normal ausgeprägten Ehrgeiz, der im Durchschnittsbereich liegt. Innerhalb dieses Normalbereichs tendiert Ihr Ehrgeiz etwas zu einer stärkeren Ausprägung.

Durchschnittlich (Tendenz nach schwächer)

Sie besitzen einen normal ausgeprägten Ehrgeiz, der im Durchschnittsbereich liegt. Innerhalb dieses Normalbereichs tendiert Ihr Ehrgeiz eher zu einer schwächeren Ausprägung. Sie können Ihre Leistungsfähigkeit gelassen bis gleichgültig beurteilen und neigen nicht zu einem besonders starken Leistungswillen.

Schwächer

Für Sie spielt die eigene Leistungsfähigkeit eine geringe Rolle. Sie wollen sich nicht durch besondere Leistungen Geltung verschaffen. Ihre geringe Leistungsmotivation kann natürlich im Beruf zu Nachteilen führen. Ihr schwach ausgeprägter Ehrgeiz wird unter Umständen von Chefs negativ beurteilt.

Beratungsteil

Richtiger Ehrgeiz

Ehrgeiz ist das Streben nach Leistungen, die von anderen anerkannt und beachtet werden. Die Leistung soll, psychologisch gesehen, den eigenen Geltungswert erhöhen und das Selbstbewußtsein stärken. Übertriebener Ehrgeiz kann ein Symptom dafür sein, daß Minderwertigkeitsgefühle durch Leistungen vor sich selbst und anderen verdeckt werden sollen.
Hohe Leistungsmotivation ist nicht angeboren, sondern bildet sich durch die Einflüsse der Erziehung. Das Leistungs- und Erfolgsstreben der Gesellschaft bestärkt Eltern und Lehrer in der Ehrgeizförderung.
Wenig bekannt ist die Erkenntnis, daß zu starker Ehrgeiz schädlich ist für das Leistungsergebnis. Der amerikanische Wissenschaftler R. G. Stennett führte ein interessantes Experiment durch und wies nach, daß sich zu starkes Leistungsstreben störend auf die Leistung auswirkt.
Testpersonen sollten eine Aufgabe lösen und wurden unterschiedlich motiviert. Der ersten Gruppe wurde gesagt, sie sollten die Aufgabe nur lösen, um die Aufgabe selbst zu testen. Mit dieser Anweisung wurde nur ein geringer Ehrgeiz geweckt.

Der zweiten Personengruppe wurden für die erfolgreiche Lösung 25 Cent (damals 1,– DM) Belohnung versprochen; es wurde also ein mittlerer Ehrgeiz erzeugt.
Die dritte Gruppe schließlich wurde angewiesen, möglichst schnell zu arbeiten, um die bis dahin kürzeste Lösungszeit für die Aufgabe noch zu unterbieten. Außerdem wurden 5 Dollar (damals etwa 20,– DM) für eine erfolgreiche Lösung versprochen. Bei dieser Personengruppe wurde also ein starker Ehrgeiz geweckt.
Die Auswertung des Experiments zeigte, daß die besten Leistungen bei mittlerem Ehrgeiz erreicht wurden. Bei starkem Ehrgeiz wirkt sich die damit verbundene übermäßige emotionale Erregung störend auf die Leistungsfähigkeit aus. Die Beziehungen zwischen Motivationsstärke und Leistung zeigt die Grafik.

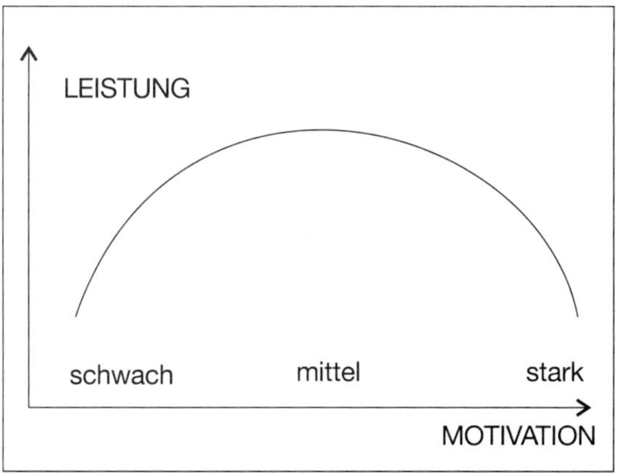

Zu starker Ehrgeiz wirkt sich nicht nur auf die Entfaltung der Leistungsfähigkeit negativ aus. Auch im Kontaktbereich ist er störend, denn Menschen mit sehr starkem Ehrgeiz neigen bei der Durchsetzung ihrer Ziele zu egoistischem Verhalten gegenüber ihren Mitmenschen. Sie sind einseitig auf ihre Ziele konzentriert und sind deshalb gegenüber anderen Personen wenig aufgeschlossen.

Zehn Tips für einen »gesunden« Ehrgeiz

1

Sie erkennen den gesunden, Ihrer Person angepaßten Ehrgeiz daran, daß Sie viel leisten, ohne sich dabei überfordert zu fühlen.

2

Vermeiden Sie zu hohe Erfolgserwartungen, setzen Sie sich realistische Ziele, die sich erreichen lassen.

3

Zu starker Ehrgeiz kann sogar krank machen. Vor allem Magen- und Darmgeschwüre können die Folge sein, wenn Sie Ihre Ziele zu hoch stecken und ein übertriebener, unerfüllbarer Ehrgeiz in Ihnen nagt.

4

Wenn Erwartungen Ihrer Umwelt nicht voll erfüllt werden können, nehmen Sie Schaden an Ihrem Selbstbewußtsein. Das führt eventuell zu erneut übertriebenem Ehrgeiz. Prüfen Sie deshalb, ob man »realistische« Forderungen an Sie stellt. Andernfalls sollten Sie sich wehren.

5
Von Zeit zu Zeit brauchen Sie einen Erfolg, der durch größere Anstrengung und nicht durch Routine bedingt ist. Der »Leistungsstreß« sollte jedoch nicht anhaltend sein.

6
Setzen Sie sich Ziele, bei denen Sie den Erfolg Ihrer Arbeit sehen können. Leistungen, die zu keinem sichtbaren Ergebnis führen, werden nur gering als Erfolg gewertet.

7
Verschleißen Sie Ihre Kräfte nicht durch übertriebenen hektischen Einsatz Ihrer Fähigkeiten. Sie können dann auch in den Ruf eines Strebers kommen.

8
Legen Sie ab und zu eine »schöpferische Pause« ein, in der Sie sich von Anstrengungen ausruhen. Nur auf diese Weise setzen Sie Ihre Kräfte optimal ein. Niemand kann ein hohes Leistungsniveau durchgehend beibehalten.

9
Wenn Sie einen sichtbaren, großen Erfolg haben, kann Ihnen der »Lorbeer-Effekt« gefährlich werden, d.h. Sie ruhen sich zu lange auf Ihren Lorbeeren aus.

10
Kleine Erfolge spornen normalerweise zu neuen Leistungen an. Erfolg stärkt Ihre Lei-

stungsfähigkeit, wenn Sie eine mittlere Leistungsmotivation beibehalten.

Test 10
Besitzen Sie soziales Einfühlungsvermögen?

Der Test prüft, ob Sie sich in soziale Situationen einfühlen können und sich eine richtige Meinung bilden. Je häufiger Sie richtige Schlüsse ziehen, um so größer ist Ihre Fähigkeit, im Kontakt zu Mitmenschen richtige Entscheidungen zu treffen.
Die folgenden 18 Situationen sind Experimente, die von Sozialpsychologen durchgeführt wurden. Überlegen Sie, welche Ergebnisse sie gebracht haben könnten. Von den zwei bis fünf Möglichkeiten ist nur eine richtig. Kreuzen Sie das Ergebnis an, das Sie für richtig halten.

1. Zu einem Experiment des Sozialpsychologen Stanley Schachter über die Wirkung von Elektroschocks meldeten sich die Testpersonen freiwillig. Einer Gruppe von Personen wurde vor dem Versuch viel Angst eingejagt, einer anderen Gruppe weniger. Vor dem eigentlichen Experiment sollten die Versuchspersonen noch zehn Minuten warten. Wie verhielten sich die stark verängstigten Personen?
   a) Sie wollten in einem Nebenraum allein bis zum Beginn des Versuchs warten.
   b) Sie wollten mit Personen, die ebenfalls viel Angst hatten, zusammen warten.

c) Sie wollten mit Personen, die selbst nicht ängstlich waren, zusammen warten.
d) Es zeigte sich keine ausgeprägte Tendenz, lieber alleine oder mit anderen zu warten.

2. Ein amerikanisches Forscherteam untersuchte autoritär und demokratisch geführte Arbeitsgruppen. Die Psychologen wollten wissen, bei welchem der beiden Führungsstile Außenseiter innerhalb der Gruppe ablehnender behandelt wurden.
a) Die ablehnende Reaktion war bei autoritärer Führung stärker.
b) Die ablehnende Reaktion war bei demokratischer Führung stärker.
3. Amerikanische Sozialforscher untersuchten das Verhalten amerikanischer Wähler während des Wahlkampfes. Sie wollten wissen, ob vorwiegend Propaganda der eigenen Partei oder anderer Parteien genau verfolgt wurde. Wie verhielten sich die Wähler?
a) Sie beachteten jede politische Propaganda gleichmäßig.
b) Sie setzten sich hauptsächlich mit Propaganda anderer Parteien auseinander.
c) Sie beachteten vor allem die Propaganda der eigenen Partei.
4. Wenn man beim ersten Kontakt mit einem anderen Menschen eine starke Abneigung entwickelt, werden dann weitere Kontakte
a) die Beziehung verbessern?
b) die Beziehung nicht wesentlich ändern?
c) die Beziehung verschlechtern?
5. Die Sozialpsychologen wollten herausfinden, mit welcher Methode man am besten

Menschen beeinflußt. Sie versammelten eine Gruppe von Personen und erklärten in einem eindrucksvollen *Vortrag*, daß »Schnellesen« für die optimale Arbeitsweise wichtig ist. In einer zweiten Sitzung versammelten sie eine andere Gruppe zu einer *Diskussion* über die Auswirkungen des Schnellesens auf die Arbeitsweise. Die Sozialforscher verglichen dann, welche Methode besser geeignet war, damit der Besuch von Schnellesekursen gesteigert wurde.

a) Die Personen, die den *Vortrag* gehört hatten, waren bereit, einen Schnellesekurs zu besuchen. Die Diskussionsgruppe war weniger bereit.

b) Die *Diskussion* brachte bessere Erfolge. Personen aus dieser Gruppe waren eher bereit, einen Schnellesekurs zu besuchen.

c) Es wurde kein Unterschied entdeckt. Die *Vortragsmethode* und die *Diskussionsmethode* führten beide zur gleichen Bereitschaft, einen Schnellesekurs zu besuchen.

6. Ein amerikanisches Forscherteam ließ im Wortlaut gleiche Informationen über ein Tonband ablaufen. Der Sprecher wurde einmal als Professor, als neutrale Person und dann als Straffälliger vorgestellt. Wer konnte die Zuhörer am besten beeinflussen und eine Einstellungsänderung erreichen?
   a) Professor
   b) Neutraler
   c) Straffälliger
7. Ein amerikanischer Sozialforscher beobachtete eine Personengruppe. Das rangniedrigste Mitglied zeigte beim Lieblings-

sport (Kegeln) ständig bessere Leistungen und übertraf schließlich auch die ranghöheren Mitglieder. Wie reagierte die Gruppe auf dieses Ereignis?

a) Das rangniedere Mitglied wurde freudig anerkannt und konnte seine Stellung in der Gruppe verstärken.

b) Die Erfolge des gering angesehenen Mitglieds wurden mit Kritik quittiert. Der »Aufrührer« wurde durch Spott und Ironie irritiert, bis er wieder schlechter kegelte und so die alte Ordnung wiederhergestellt war.

8. Amerikanische Sozialforscher wollten wissen, wie stark Stimmungen den Optimismus beeinflussen. Es sollte ein Bild beschrieben werden, auf dem junge Leute in sumpfigem Gebiet graben. Zwei verschiedene Stimmungen wurden durch Hypnose erzeugt: Glück und Ängstlichkeit.
   Wie wurde das Bild unter den verschiedenen Stimmungen beschrieben?
   a) *Glückliche Stimmung:* »Das sieht ganz lustig aus; man denkt an den Sommer; dazu ist das Leben da; Arbeiten im Freien; wahres Leben – graben, pflanzen und beobachten, wie alles wächst.«
   Ängstliche Stimmung: »Sie werden sich verletzen oder schneiden; es sollte ein älterer Mensch dabeisein, der bei einem Unfall weiß, was zu tun ist; wie tief wohl das Wasser ist?«
   b) Stimmungen beeinflussen die Bilder nicht. Die Bilder wurden objektiv beschrieben.
9. Die Sozialforscher Schönbach und Mills wollten wissen, ob man sich für vertraute

Dinge eher interessiert als für Unbekanntes. Sie ließen deshalb Käufer von neuen Autos Zeitschriften durchblättern. Als Vergleichsgruppe blätterten auch Autofahrer, die schon jahrelang am Steuer des gleichen Wagens saßen, die Zeitschriften durch. Wer studierte mehr Anzeigen der eigenen Automarke?

a) »Neubesitzer« lasen zu 28 % häufiger Anzeigen der eigenen Marke als Anzeigen von Konkurrenzmodellen. »Altbesitzer« lasen zu 4 % mehr Anzeigen des eigenen Modells.

b) »Altbesitzer« lasen zu 28 % häufiger Anzeigen der eigenen Marke als Anzeigen von Konkurrenzmodellen. »Neubesitzer« lasen zu 4 % mehr Anzeigen des Konkurrenzmodells als Anzeigen des eigenen Modells.

c) »Neubesitzer« und »Altbesitzer« lasen zu 11 % mehr Anzeigen des Konkurrenzmodells als Anzeigen des eigenen Modells.

10. Ein englisches Psychologenteam gab einer Gruppe von Teenagern die Information, daß sie in zehn Minuten einen Vortrag über das Thema »Warum Teenagern das Autofahren nicht erlaubt werden darf« zu hören bekommen. Eine zweite Gruppe bekam keine Information vor dem Vortrag. Welche Teenager-Gruppe wurde durch den Vortrag stärker beeinflußt?

a) Teenager, die vorher die Information erhielten.

b) Teenager, die vorher keine Information erhielten.

c) Beide Gruppen wurden gleich stark beeinflußt.

11. Einer Gruppe von Personen wurden von einem englischen Sozialpsychologen Bilder mit Gesichtern gezeigt. Einige Bilder wurden bis zu zwanzigmal gezeigt, andere nur zweimal. Welche Gesichter wurden von den Betrachtern positiver eingeschätzt?
    a) Die weniger oft gezeigten Gesichter.
    b) Die häufig gezeigten Gesichter.
    c) Es bestand kein Unterschied.
12. Ein englisches Psychologenteam führte mit Kindern folgendes Experiment durch: In einem Zimmer lagen mehrere reizvolle Spielzeuge. Eine Gruppe von Kindern durfte sofort in das Zimmer und spielen. Die andere Gruppe mußte warten, bis sie das Zimmer betreten durfte, konnte aber durch ein Fenster in das Zimmer sehen. Bei welcher Gruppe bestand eine größere Tendenz, die Spielzeuge zu zerstören?
    a) Es bestand kein Unterschied zwischen den beiden Gruppen.
    b) Die Gruppe, die sofort ins Zimmer durfte, war zerstörerischer.
    c) Die Kinder, die warten mußten, zeigten mehr Zerstörungswut.
13. Der amerikanische Psychologe Feshbach zeigte einer Gruppe von verärgerten und nicht verärgerten Versuchspersonen einen Film über einen Boxkampf und einen neutralen Film, der keinerlei aggressive Szenen enthielt. Welche Personengruppe zeigte sich nach dem Film am aggressivsten?
    a) Die verärgerten Personen, die den Boxkampf sahen.
    b) Die verärgerten Personen, die den neutralen Film sahen.

c) Die ausgeglichenen Personen, die den Boxkampf sahen.

d) Die ausgeglichenen Personen, die den neutralen Film sahen.

14. Eine Gruppe von zehn Testpersonen sollte herausfinden, ob eine Flüssigkeit bitter schmeckt. Die Sozialforscher verdünnten deshalb Wasser mit einem Bitterstoff. Von 70 % der Bevölkerung wird diese Lösung als bitter, von 30 % als geschmacklos empfunden. Die Gruppe setzte sich aus neun »Nichtschmeckern« zusammen und einer Person, die den bitteren Geschmack sehr stark und eindeutig empfinden konnte. Wenn diese Person ihre Empfindung äußert, wie verhalten sich dann die übrigen neun Gruppenmitglieder?

    a) Die unerschütterlich feste Überzeugung beeinflußt die »Nichtschmecker«. Beim zweiten Schluck stellen sie plötzlich auch einen leicht bitteren Geschmack fest.

    b) Die neun Personen lassen sich von dem »Schmecker« nicht beeinflussen.

    c) Der »Schmecker« läßt sich von den neun Personen so beeinflussen, daß er den bitteren Geschmack beim zweiten Schluck nicht mehr wahrnimmt.

15. Eine Gruppe von Personen wurde in Angst versetzt, eine zweite Gruppe wurde nicht verängstigt. Die Personen beider Gruppen sollten nun unbekannte Leute auf Furchtsamkeit einschätzen. Welche Gruppe hielt die unbekannten Personen für furchtsamer?

    a) Es bestand kein Unterschied zwischen den Gruppen.

b) Die ängstlichen Personen hielten die Außenstehenden für furchtsamer.

c) Die nicht verängstigten Personen hielten die Außenstehenden für furchtsamer.

16. Der englische Sozialpsychologe Schönbach gab Besuchern eines James-Bond-Films und des Musik-Films »Mary Poppins« vor und nach dem Film einen Fragebogen, der den Grad aggressiver Tendenzen messen sollte. Bei welcher Gruppe wurde die höchste Aggressivität festgestellt?

a) Bei den Zuschauern des James-Bond-Films vor dem Filmbesuch.

b) Bei den Zuschauern des James-Bond-Films nach dem Filmbesuch.

c) Bei den Zuschauern von »Mary Poppins« vor dem Filmbesuch.

d) Bei den Zuschauern von »Mary Poppins« nach dem Filmbesuch.

e) Es wurde kein Unterschied in der Aggressivität festgestellt.

17. Der amerikanische Sozialforscher Marple ließ von Personen Aussagen auf ihre Richtigkeit beurteilen. Der Versuch wurde mit drei Gruppen durchgeführt: Gymnasiasten, Studenten, erwachsenen Berufstätigen (es wurde darauf geachtet, daß alle den gleichen Bildungsgrad besaßen). Nach vier Wochen wurden die Aussagen denselben Personen erneut zur Beurteilung vorgelegt. Folgende Zusatzbemerkung wurde gegeben: »Die Mehrzahl der anderen Gruppen hat anders geurteilt als Sie.« Welchen Einfluß hatte diese Zusatzbemerkung?

a) Die Gymnasiasten änderten ihr Urteil jetzt zu 64 %, die Studenten zu 55 % und die Berufstätigen zu 40 %.
b) Die Berufstätigen änderten ihr Urteil jetzt zu 64 %, die Studenten zu 55 % und die Gymnasiasten zu 40 %.
c) Es gab keinen Unterschied zwischen den Gruppen.

18. Der Sozialforscher Hare wollte wissen, wer sich in Diskussionen an die Gruppenmeinung besser anpaßt, der »Schweiger« oder der »Mitsprecher«. Wer wird von der Gruppe leichter beeinflußt?
a) Der »Schweiger« wird von der Gruppenmeinung mehr beeinflußt als der »Mitsprecher«.
b) Der »Mitsprecher« wird von der Gruppenmeinung mehr beeinflußt als der »Schweiger«.
c) Beide sind gleich stark beeinflußt. Es kann kein Unterschied festgestellt werden.

Testauswertung

In der Tabelle sind die richtigen Lösungen eingetragen. Kreuzen Sie bitte jede richtige Aufgabe an. Jedes Kreuz zählt einen Punkt.

Aufgabe	richtig	Aufgabe	richtig
1	b	10	b
2	a	11	b
3	c	12	c
4	b	13	b
5	b	14	a
6	a	15	b
7	b	16	b
8	a	17	a
9	a	18	b

Zählen Sie jetzt die Anzahl Ihrer Kreuze zusammen. Die Summe ergibt Ihre Punktzahl.
In der Bewertungstabelle können Sie unter Ihrer Punktzahl – je nach Altersgruppe – nachsehen, wie ausgeprägt Ihr soziales Einfühlungsvermögen ist

14-16 Jahre Punkte	17-21 Jahre Punkte	22-30 Jahre Punkte	über 30 Jahre Punkte	Ausprägung des Einfühlungsvermögens
11 - 18	14 - 18	17 - 18	15 - 18	sehr stark
10	12 - 13	15 - 16	13 - 14	stark
8 - 9	10 - 11	11 - 14	9 - 12	durchschnittlich Tendenz nach stark
6 - 7	6 - 9	9 - 10	7 - 8	durchschnittlich Tendenz nach schwächer
0 - 5	0 - 5	0 - 8	0 - 6	schwächer

Das bedeutet die Bewertung

Sehr stark	Sie besitzen ein ausgezeichnetes Einfühlungsvermögen in soziale Situationen. Sie können sich sehr gut in andere Menschen hineinversetzen und erahnen, wie sie in bestimmten Situationen reagieren.
Stark	Durch Ihr gutes Einfühlungsvermögen beurteilen Sie soziale Situationen meist richtig und spüren, wie sich andere Menschen voraussichtlich verhalten werden.
Durchschnittlich (Tendenz nach stark)	Sie besitzen ein normal ausgeprägtes Einfühlungsvermögen, das im Durchschnittsbereich liegt. Innerhalb dieses Normalbereichs tendiert Ihr Einfühlungsvermögen zu einer stärkeren Ausprägung.
Durchschnittlich (Tendenz nach schwächer)	Sie besitzen ein normal ausgeprägtes Einfühlungsvermögen, das im Durchschnittsbereich liegt. Innerhalb dieses Normalbereichs tendiert Ihr Einfühlungsvermögen eher zu einer schwächeren Ausprägung. Es fällt Ihnen manchmal nicht leicht, sich in soziale Situationen so hineinzudenken, daß Sie das Verhalten Ihrer Mitmenschen richtig erahnen.

Schwächer

Es gelingt Ihnen relativ selten, soziale Situationen richtig zu beurteilen. Ihre Fähigkeit, sich in andere Menschen hineinzuversetzen und ihr voraussichtliches Verhalten zu erahnen, ist bei Ihnen schwächer ausgeprägt. Sie sollten Ihr Einfühlungsvermögen unbedingt verbessern. Das wird Ihnen im Kontakt mit Ihren Mitmenschen nützlich sein.

Beratungsteil

Verbessern Sie Ihr Einfühlungsvermögen

Bemerkungen wie »Das tut mir aber leid«, »Das kann ich verstehen« oder »Mir geht es auch so« zeigen, daß man bemüht ist, sich in das Verhalten der Mitmenschen einzufühlen. Jeder besitzt ein mehr oder weniger stark ausgeprägtes Einfühlungsvermögen. Es ist nicht angeboren, sondern wird durch Erziehung und Erfahrungen im Laufe des Lebens ausgeprägt.

Die Psychologie versteht unter »sozialem Einfühlungsvermögen« die Fähigkeit, fremdes Erleben nacherleben zu können, d.h. sich in die Gefühle, Stimmungen und Gedanken hineinzuversetzen. Dies ist durch Analogieschlüsse bedingt. Das Wissen des eigenen Erlebens wird auf das Erleben des Partners bezogen. Das ermöglicht Verständnis der seelischen Situation und des Verhaltens. Bei der Einfühlung geht man also stets von den eigenen Erfahrungen aus.

Die erste Testaufgabe ist ein gutes Beispiel dafür. Gefragt wurde nach dem Verhalten von verängstigten Personen. Vier Möglichkeiten standen zur Auswahl:

a) Sie wollten in einem Nebenraum alleine bis zum Beginn des Versuchs warten.

b) Sie wollten mit Personen, die ebenfalls viel Angst hatten, zusammen warten.
c) Sie wollten mit Personen, die selbst nicht ängstlich waren, zusammen warten.
d) Es zeigte sich keine ausgeprägte Tendenz, lieber alleine oder mit anderen zu warten.

Um das Verhalten dieser Personen erahnen zu können, müssen Sie sich in ihre seelische Verfassung hineinversetzen. Was bewegt diese verängstigten Personen? Sie stellen sich vor, daß Sie selbst in einer solchen Situation wären: Sie fühlen sich unsicher, da Sie nicht wissen, was auf Sie zukommt, und Sie wollen die Unsicherheit abschwächen, indem Sie sich mit anderen Personen unterhalten, die in der gleichen Situation sind. Sie versuchen, aufgrund Ihrer Unsicherheit möglichst wenig aufzufallen. Dies läßt sich am besten in einer Gruppe erreichen, die einen »gemeinsamen Nenner« hat, nämlich die gleiche Angst vor dem, was auf sie zukommt. Diese Überlegungen übertragen Sie auf die vier Verhaltensmöglichkeiten und kommen zu dem richtigen Schluß, daß verängstigte Personen am liebsten mit ebenfalls verängstigten Personen zusammen warten wollen.

Wichtige Hinweise für die Einfühlung in die seelische Situation anderer sind Ausdrucksmerkmale: Mimik, Bewegung, Sprechweise, Erröten, Zittern usw. Diese Signale lösen in Ihnen Erlebnisse und Erfahrungen aus. Wenn Sie z.B. einen Menschen beobachten, der zittert und sich

hastig bewegt, werden Sie aufgrund Ihrer eigenen Erfahrungen zu dem Schluß kommen, daß dieser Mensch aufgeregt und nervös ist.
Soziales Einfühlungsvermögen hat mit Intelligenz wenig zu tun. Hochintelligente Menschen besitzen manchmal sogar weniger Einfühlungsvermögen, weil sie alles rational und logisch erklären wollen und dabei die eigenen Gefühle und die ihrer Partner vernachlässigen oder unbeachtet lassen.
Besonders wichtig ist soziales Einfühlungsvermögen bei Unterhaltungen. Wenn der Gesprächspartner eine andere Meinung hat als Sie selbst, ist es sinnvoll, wenn Sie sich überlegen, **warum** er eine entgegengesetzte Meinung hat und welche Erfahrungen und Erlebnisse ihn zu dieser Meinung geführt haben.
Personen, die egoistisch nur auf sich selbst bezogen handeln, besitzen ein geringes soziales Einfühlungsvermögen. Sie verhalten sich wie »Elefanten im Porzellanladen«, denn sie machen sich nicht die Mühe, das Erleben des Partners nachzuempfinden. Sie versuchen, andersartige Gedanken und Gefühle nicht zu verstehen, sondern durch Aggressionen (z.B. »Ach, das ist doch Blödsinn!«) herunterzuspielen.
Folgende Situation ist ein Beispiel für Einfühlungsvermögen im Ehealltag: Eine Frau möchte von ihrem Mann einen Pelzmantel. Er glaubt, daß seine Frau den Mantel will, weil die Nachbarin ein neues Kleid gekauft hat. Vielleicht verfolgt seine Frau aber ein

ganz anderes Ziel. Sie fühlt sich z.B. in ihren Zärtlichkeitswünschen von ihrem Ehemann vernachlässigt und ist sich nicht mehr seiner Zuneigung sicher. Da sie das nicht offen aussprechen will, versucht sie, über den Umweg Pelzmantel einen Liebesbeweis zu erhalten. Erreicht sie dieses Ziel nicht, sagt sie: »Du liebst mich nicht mehr.« Kann der Ehemann sich in die Bedeutung dieser Bemerkung nicht einfühlen, kommt es zu Spannungen und Mißtrauen.

Soziales Einfühlungsvermögen spielt also im Kontakt eine wichtige Rolle. Mißverständnisse, Auseinandersetzungen oder Streit ließen sich vermeiden, wenn jeder versuchen würde, sich in das Erleben des Partners hineinzudenken. Egoismus, Vorurteile und Bequemlichkeit erschweren und verhindern dieses Einfühlungsvermögen. Die folgenden zehn Tips sollen Ihnen helfen, Ihr Einfühlungsvermögen zu aktivieren.

Zehn Tips zur Verbesserung Ihres Einfühlungsvermögens

1

Machen Sie sich bewußt, welche Gefühle, Bedürfnisse und Wünsche Sie haben, und gestehen Sie diese Ihren Mitmenschen ebenfalls zu.

2

Lernen Sie zuzuhören, auch wenn etwas gesagt wird, womit Sie nicht übereinstimmen. Lassen Sie Ihre Mitmenschen ausreden, und stellen Sie Fragen, bevor Sie ein Urteil fällen.

3

Beobachten Sie fremde Personen auf der Straße, in Lokalen, in der Straßenbahn, und versuchen Sie, ihre seelische Verfassung aufgrund ihrer Ausdruckssignale zu erahnen.

4

Lassen Sie sich jedoch bei der Beurteilung anderer Menschen nicht nur von Äußerlichkeiten leiten. Viel wichtiger ist, die Einstellung eines Menschen zu erfahren – das gelingt nur über ein Gespräch und interessierte Fragen.

5
Schalten Sie einmal bei einem Spielfilm den Ton Ihres Fernsehgeräts aus, und versuchen Sie zu erraten, über welches Thema gesprochen wird. Auf diese Weise müssen Sie sich – ähnlich wie in der Realität – in die Handlung einfühlen.

6
Bei einer Unterhaltung stellen Sie fest, daß jemand eine völlig andere Ansicht als Sie hat. Überlegen Sie, warum gerade dieser Mensch eine solche Ansicht vertritt.

7
Fragen Sie sich einmal selbst, warum Sie in bestimmten Situationen so und nicht anders reagieren. Die Kenntnis über die Hintergründe Ihres eigenen Verhaltens erleichtert Ihnen das Einfühlen in andere Personen.

8
Wenn jemand unsympathisch auf Sie wirkt, erforschen Sie bei sich selbst den Grund dafür.

9
Versuchen Sie, möglichst viele Informationen über einen Menschen zu erfahren, bevor Sie ihn beurteilen und Ihr Verhalten darauf einstellen. Wenn Sie wissen, warum ein Mensch so ist, wie er sich Ihnen präsentiert, können Sie ihn besser beurteilen. Auch Ihre eigene Reaktion auf sein Verhalten ist dann angemessener.

10

Bedenken Sie bitte, daß jeder Mensch Stimmungen unterworfen ist, die sein Verhalten beeinflussen.

Zeichnen Sie Ihr Persönlichkeitsprofil

Übertragen Sie alle zehn Testergebnisse in die Diagnosekarte (rechts). Links stehen die fünf Ausprägungsgrade. Wie Sie Ihre Testergebnisse in die Diagnosekarte eintragen, soll an einem Beispiel erklärt werden. Wenn Sie im ersten Test eine »starke« Ausprägung erzielt haben, machen Sie in der Spalte Selbstsicherheit bei »stark« ein Kreuz. Wenn Sie beim zweiten Test »durchschnittlich, Tendenz nach stark« abgeschnitten haben, machen Sie in der Spalte Optimismus in der dritten Zeile ein Kreuz. Nach diesem Prinzip kreuzen Sie alle Testergebnisse an. Sobald Sie alle 10 Testergebnisse in die Diagnosekarte übertragen haben, verbinden Sie die Kreuze miteinander. Auf diese Weise erhalten Sie Ihr Persönlichkeitsprofil, das Ihnen ermöglicht, Ihre Persönlichkeitsstruktur leichter auf einen Blick zu erfassen.
Zeichnen Sie auf S. 185 Ihr Persönlichkeitsprofil ein. Sie können diese Karte auch ausschneiden und separat aufbewahren, damit Ihr Profil vertraulich bleibt.

Die Diagnosekarte zum Ausschneiden:

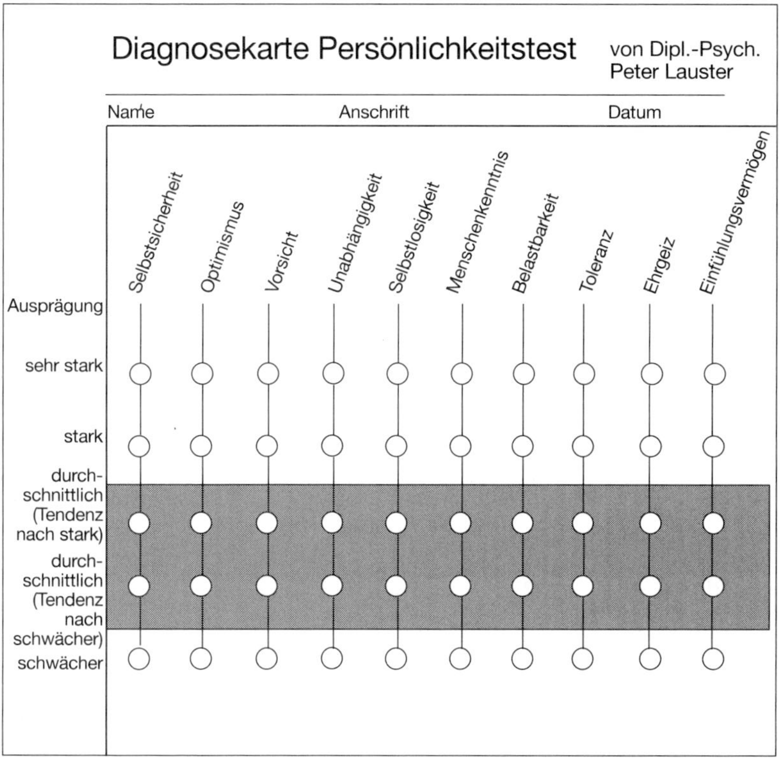

Beispielprofil:

So kann ein Profil aussehen

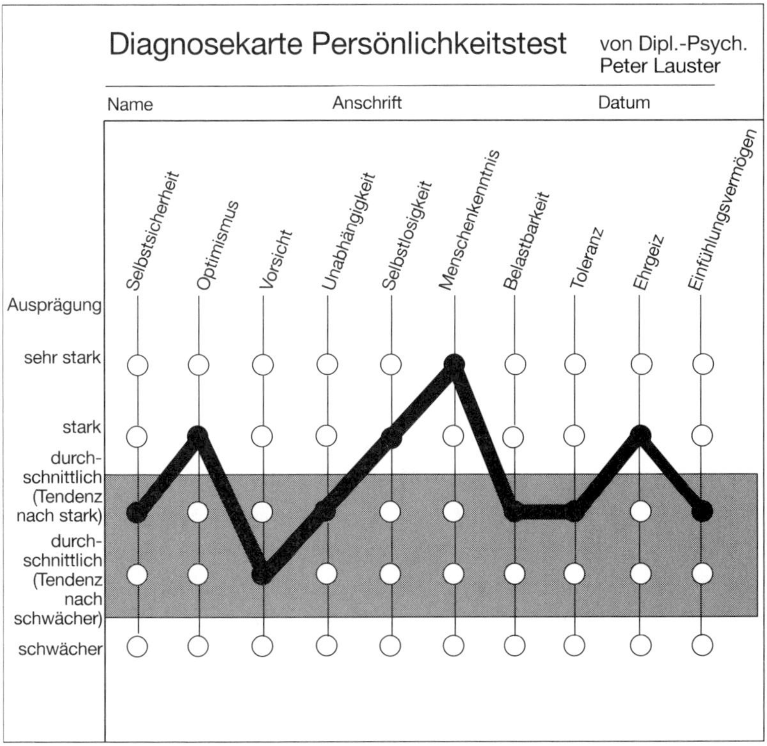

Hinweise zur Interpretation Ihres Persönlichkeitsprofils

Wenn Ihre Kurve sich vorwiegend im grauen Feld bewegt, sind Ihre Persönlichkeitseigenschaften normal ausgeprägt. Sie liegen im Durchschnittsbereich, in dem sich statistisch gesehen etwa 68 % der Bevölkerung befinden. Zur besseren Orientierung in diesem großen Durchschnittsbereich wurde in »Tendenz nach stark« und in »Tendenz nach schwächer« unterschieden. Das bedeutet, daß Sie entweder eher zu einer stärkeren oder schwächeren Ausprägung der entsprechenden Eigenschaft neigen.
Ihre Profiltiefs (Ausprägung: »Tendenz nach schwächer« und »schwächer«) können Sie mit dem jeweiligen Beratungsteil fördern.
Ihre Profilspitzen zeigen Ihnen, daß Sie hier vom Durchschnitt besonders stark nach oben hin abweichen. Beim Ehrgeiz und der Vorsicht muß dies nicht unbedingt positiv sein (siehe Beratungsteil).
Besonders günstig können Sie Ihr Profil werten, wenn Sie in den ersten beiden Bereichen (Selbstsicherheit und Optimismus) Profilspitzen haben. Für eine erfolgreiche Lebensbewältigung ist das sehr günstig; Sie werden dann Schwierigkeiten leichter bewältigen.

Günstig ist auch ein ausgeglichenes Profil, d. h., daß Ihr Profil nicht zwischen Hochs und Tiefs unruhig hin und her schwankt. Ein ausgeglichenes Profil bedeutet, daß Sie ohne starke Spannungen in Ihrer Persönlichkeitsstruktur leben können.

Ein schwankendes Profil kann seelische Unausgeglichenheit bedingen; besonders wenn Widersprüche auftreten, z. B. starke Unabhängigkeit und schwach ausgeprägte Belastbarkeit. Zu seelischen Konflikten neigen auch Personen mit geringer Selbstsicherheit und gleichzeitig starkem Ehrgeiz.

Für die Interpretation des Profils lassen sich schwer allgemeingültige Regeln aufstellen. Jedes Profil muß aufgrund der Kombination aller zehn Eigenschaften als Einzelfall interpretiert werden.

Die bekanntesten zehn Persönlichkeitstests

Die aufgeführten Tests werden von Psychologen, Medizinern und Psychiatern in der Praxis angewendet. (Diese Tests dürfen nur an Fachleute verkauft werden.)

1. **MMPI** (Minnesota Multiphasic Personality Inventory)
   von S. R. Hathaway und I. C. McKinley.
   Dieser Test ist ein Persönlichkeitsfragebogen für die klinische Diagnostik und erfaßt psychiatrische Kriterien.

2. **MMQ** (Mandsley Medical Questionnaire)
   von H. J. Eysenck.
   Dieser Persönlichkeitsfragebogen untersucht neurotische Tendenzen.

3. **MPI** (Mandsley Personality Inventory) von H. J. Eysenck.
   Dieser Test erfaßt neurotische Tendenzen und die Neigung zur Extraversion und Introversion.

4. **Rorschach-Test** von H. Rorschach.
   Der Rorschach-Test ist der bekannteste Persönlichkeitstest. Klecksographien müssen im Bilderdeuteverfahren interpretiert

von der Testperson werden. Der Psychologe zieht daraus Schlüsse auf die Persönlichkeitsstruktur.

5. **TAT** (Thematischer Apperzeptions-Test) von H. A. Murray.
   Der Testperson werden Bilder vorgelegt, die interessante menschliche Situationen zeigen und zum Erzählen einer Geschichte anregen. Der Inhalt der erzählten Geschichte wird psychologisch ausgewertet.

6. **Rosenzweig Picture Frustration Test** von S. Rosenzweig.
   Mit diesem Test wird die Reaktion auf emotionalen Streß erfaßt.

7. **Lüscher-Test** von M. Lüscher.
   Dieser Test ist ein reiner Farbwahltest. Aus der Bevorzugung und Ablehnung von bestimmten Farbtönen werden Rückschlüsse auf die Persönlichkeit gezogen.

8. **Wartegg-Zeichen-Test** von E. Wartegg.
   Auf 8 Zeichenfeldern müssen angefangene Zeichnungen vervollständigt werden. Die Zeichnungen werden von Psychologen nach Erfahrungswerten gedeutet.

9. **Baum-Test** von K. Koch.
   Die Anweisung lautet bei diesem Test einfach »Zeichnen Sie einen Obstbaum«. Aus der Art der Zeichnung und der Anordnung auf dem Blatt werden vom Psychologen Rückschlüsse auf die Persönlichkeit gezogen.

10. **Experimentelle Triebdiagnostik** (Szondi-Test) von L. Szondi.
    Das Testmaterial besteht aus Fotografien der Gesichter psychisch kranker Personen. Die Testperson soll Gesichter auswählen, die sympathisch bzw. unsympathisch auf sie wirken. Der Test wird in der psychiatrischen Diagnostik verwendet.

Literatur

Adler, A.: *Menschenkenntnis*, Frankfurt am Main 1992

Adler, A.: *Über den nervösen Charakter*, Frankfurt am Main 1990

Angleitner, A.: *Einführung in die Persönlichkeitspsychologie*, Bern 1980

Bierach, A.: *Hinter der Maske: der Mensch*, Genf 1988

Freud, A.: *Das Ich und die Abwehrmechanismen*, Frankfurt am Main 1992

Freud, S.: *Gesammelte Werke*, Frankfurt am Main 1976-1991

Friedmann, D.: *Die Entdeckung der eigenen Persönlichkeit*, München 1991

Füllgrabe, U.: *Persönlichkeitspsychologie. Eine Einführung*, Stuttgart 1982

Gehlen, A.: *Der Mensch. Seine Natur und seine Stellung in der Welt*, Frankfurt am Main 1992

Graumann, K. F. v. (Hg).: *Psychologische Diagnostik, (Bd. 3)*, in: *Enzyklopädie der Psychologie*, Göttingen 1982

Jung, C. G.: *Die Beziehungen zwischen dem Ich und dem Unbewußten*, München 1990

Jung, C. G.: *Psychologische Typen*, Olten–Freiburg i. Br. 1989

Klages, L.: *Der Geist als Widersacher der Seele*, Bonn 1981
Klages, L.: *Die Grundlagen der Charakterkunde*, Bonn 1969
Kleiter, E.: *Generalität und Binnenstruktur von Persönlichkeitseigenschaften*, Weinheim 1987
Koch-Hillebrecht, M.: *Jeder ist anders. Kleine Persönlichkeitspsychologie*, Bern 1988
Köhler, W.: *Entdecke deine Persönlichkeit*, Bad Liebenzell 1991
Kopmeyer, M. R.: *Persönlichkeitsbildung. So werden Sie, was Sie werden möchten*, München 1992
Kretschmer, E.: *Körperbau und Charakter*, Berlin 1977
Künkel, F.: *Die Arbeit am Charakter*, Konstanz 1964
Lersch, Ph.: *Aufbau der Person*, Berlin 1970
Lidz, Th.: *Das menschliche Leben. Die Entwicklung der Persönlichkeit im Lebenszyklus*, Frankfurt am Main 1974
Lüscher, M.: *Signale der Persönlichkeit. Rollen-Spiele und ihre Motive*, Düsseldorf 1987
Mogel, H.: *Persönlichkeitspsychologie. Ein Grundriß*, Stuttgart 1985
Oldham, J. M./Morris, L. B.: *Ihr Persönlichkeitsporträt*, Hamburg 1992
Rohracher, H.: *Einführung in die Psychologie*, Weinheim 1988
Rothacker, E.: *Die Schichten der Persönlichkeit*, Bonn 1969
Sader, M.: *Psychologie der Persönlichkeit*, Weinheim 1980

Schneider, K.: *Psychopathische Persönlichkeiten, in: Klinische Psychopathologie*, Stuttgart 1992
Schultz-Hencke, H.: *Der gehemmte Mensch*, Stuttgart 1982
Strehle, H.: *Mienen, Gesten und Gebärden*, München 1974
Thomae, H.: *Das Individuum und seine Welt*, Göttingen 1988
Thomae, H.: *Persönlichkeit*, Bonn 1981
Wertheimer, M.: *Produktives Denken*, Frankfurt am Main 1964

Resonanzfragebogen

Lesen Sie die folgenden 8 Fragen bitte aufmerksam durch, und kreuzen Sie Ihre Antworten an. Senden Sie den ausgefüllten Fragebogen bitte an den Autor ein. Die Auswertung Ihrer Antworten hilft dem Autor bei seiner Arbeit.

1. Hat Ihnen die Lektüre des Buches geholfen, sich selbst besser kennenzulernen?
   - ☐ ja
   - ☐ nein
   - ☐ weiß nicht

2. Glauben Sie, daß Ihnen die Hinweise des Beratungsteils im Alltag helfen?
   - ☐ ja
   - ☐ nein
   - ☐ weiß nicht

3. Welcher Test hat Ihnen am besten gefallen?

4. Welcher Test hat Ihnen nicht gefallen?

5. Über welche Persönlichkeitseigenschaft hätten Sie gerne mehr gelesen?

6. Warum haben Sie dieses Buch gelesen?
   - ☐ aus Neugierde
   - ☐ weil es mir geschenkt wurde
   - ☐ weil ich Hilfe suche
   - ☐ um mich selbst besser kennenzulernen
   - ☐ um meine Persönlichkeit besser zu entfalten

7. Würden Sie das Buch Ihren Bekannten empfehlen?
   - ☐ ja
   - ☐ nein
   - ☐ vielleicht

8. Leiden Sie unter dem Streß des Alltags?
   - ☐ ja
   - ☐ nein
   - ☐ manchmal

Tragen Sie hier bitte Ihre persönlichen Daten ein.

____

Name Vorname

( )____________________________________

PLZ Wohnort

____

Straße

____

Beruf Alter

Schneiden Sie den Fragebogen bitte aus, und senden Sie ihn an:

PSYCHOLOGISCHE DIAGNOSTIK
Dipl.-Psych. Peter Lauster
Usambarastraße 2, 50733 Köln

Individuelle psychologische Beratung

Wenn Sie Ihr Profil schwer interpretieren können, weil es keine ausgeprägten Profilspitzen zeigt, können Sie Ihre kopierte Profilkarte zur Beurteilung direkt an den Autor einschicken. Senden Sie auch einen handschriftlichen Lebenslauf für eine graphologische Beurteilung Ihrer Persönlichkeitseigenschaften mit. Schildern Sie bitte Ihren bisherigen schulischen und privaten Werdegang, und beschreiben Sie Ihre Interessen und Schwierigkeiten. Diese Unterlagen senden Sie an:

PSYCHOLOGISCHE DIAGNOSTIK
Dipl.-Psych. Peter Lauster
Usambarastr. 2

50733 Köln

Sie erhalten dann umgehend unverbindlich und kostenlos Informationsunterlagen mit Honorarangaben.
Ein Buch kann natürlich eine Psychotherapie oder ein psychologisches Beratungsgespräch nicht ersetzen. Wenn Sie ein persönliches Gespräch führen wollen, wenden Sie sich bitte an obige Anschrift. Tele-

fonisch erreichen Sie das Sekretariat unter 02 21/7 60 13 76. Beratungstermine müssen zuvor telefonisch oder schriftlich vereinbart werden. Auf Wunsch erhalten Sie schriftliche Informationen über die Beratungsmethoden und die Honorare.

Gedankenaustausch

Durch Leserbriefe, die ich täglich erhalte, weiß ich, wie viele einen Gedankenaustausch mit Gleichgesinnten in ihrer Umwelt vermissen. So kam ich auf die Idee, einen *Briefclub* für Interessierte zu gründen. Deshalb habe ich eine Adreßkarte für Leserinnen und Leser dieses Buches entwickelt, die mit anderen Lesern gerne in einen Gedankenaustausch treten wollen.
Daß ein Bedürfnis danach besteht, ist aus vielen Leserbriefen zu ersehen, die ich täglich erhalte. Ich war sehr überrascht, wie viele Leser malen, Gedichte schreiben und eigene kreative Ideen entwickeln. Sie leiden oft darunter, daß sie selten Gesprächspartner im Alltag finden, weil viele eine Scheu davor haben, sich zu offenbaren. Es gibt viele Menschen, die sich in unserer normierten Anpassungsgesellschaft ein eigenständiges Seelenleben bewahrt haben und weiter bewahren wollen. Darüber in Kommunikation zu treten und sich auszudrücken, das sollte auf jeden Fall gefördert werden, und zwar auch durch diesen für die Leserinnen und Leser meiner Bücher schon 1994 ins Leben gerufenen Service.
Die Adressen werden von meinem Sekretariat in einer Datenbank gespeichert und jedem Interessenten zur Kontaktaufnahme als Liste zugesandt, nach männlich/weiblich und nach Wohngebiet, Bundesland (bzw. Postleitzahl) geordnet. Der Empfang der Adres-

senliste verpflichtet Sie natürlich zu nichts. Und Sie können Ihre Daten selbstverständlich, wenn Sie nicht mehr mitmachen wollen, jederzeit wieder löschen lassen und sind auch nicht verpflichtet, alle Kontaktinteressenten anzuschreiben oder auf Briefe, die Sie erhalten, aber nicht interessant finden, zu antworten. Der Gedankenaustausch sollte völlig frei sein und keine Verpflichtung bedeuten. Die Gesamtzahl der Teilnehmer beträgt derzeit 1030 Frauen und 526 Männer. Schneiden Sie die folgende Adreßkarte aus, und senden Sie sie mit einem einmaligen Beitrag für die Organisationskosten (50-DM-Schein oder Scheck im Brief) an das

Sekretariat der Praxis P. Lauster
Usambarastr. 2, 50733 Köln.

Es wäre schön, wenn durch diese Aktion ein Netz geistiger Verbundenheit vieler Menschen entstehen könnte.

Vorname: ____________ Name: ____________
Straße: ____________
PLZ: ________ Ort: ____________
Geburtsjahr: ____ Hobby(s): ____________
Interessengebiete:
____
____
____
____
____

Ich bin damit einverstanden, daß meine Adreßkarte an Leser(innen) weitergegeben wird, die an einem Gedankenaustausch interessiert sind:

Datum: ________ Unterschrift: ____________

… das Leben gestalten

Peter Lauster

Menschenkenntnis

Körpersprache, Mimik und Verhalten

Peter Lauster

Selbstfindung

Meditationen zur Entspannung und Loslösung

Peter Lauster

Ausbruch zur inneren Freiheit

Mut, eigene Wege zu gehen

Peter Lauster

Der Sinn des Lebens

Vom Glück der Selbstfindung

Peter Lauster

Lassen Sie sich nichts gefallen

Die Kunst, sich durchzusetzen

Peter Lauster

Liebeskummer als Weg der Reifung

Peter Lauster

Die sieben Irrtümer der Männer

Der Mann muß zur Besinnung kommen

Peter Lauster

Geheimnisse der Liebe

Sich selbst finden – den anderen entdecken

Peter Lauster

Wege zur Gelassenheit

Die Kunst, souverän zu werden

Peter Lauster

Das Lauster Lebensbuch

Heilende Gedanken zur Selbstentfaltung und Befreiung

... Erfolg im Beruf

Peter Lauster

Der Begabungstest

Talente selbst entdecken und entfalten

Peter Lauster

Persönlichkeit

Ein Beratungs- und Testprogramm
zu Ihrer persönlichen Entfaltung

Peter Lauster

Statussymbole

Eine Demaskierung
der menschlichen Eitelkeiten

Peter Lauster

Intelligenz

Das Trainings- und Testprogramm

Peter Lauster

Berufswahl

Interessenfindung und Information
für Ausbildung, Studium und Berufswechsel